Jean-Joseph Julaud

ÇA NE VA PAS ?

Manuel de
poésiethérapie

Collection
« Amor Fati »

le cherche midi éditeur
23, rue du Cherche-Midi, 75006 Paris

Vous pouvez consulter notre catalogue général et l'annonce
de nos prochaines parutions sur notre site Internet:
http://www.cherche-midi.com

Lorsque le médecin fait rire le malade, c'est le meilleur signe du monde.

MOLIÈRE *(Le Médecin malgré lui)*

AVANT-PROPOS

« Le XXIe siècle sera religieux ou ne sera pas. » Cette prophétie qui profita de la faiblesse des cordes vocales de Malraux pour s'échapper en douce, plane maintenant comme une soutane noire et menaçante sur le début du troisième millénaire.

Et le domaine spirituel ne cessant de perdre du terrain, on est saisi d'effroi en pensant que, si Malraux a dit vrai, on n'aura pas de XXIe siècle, on commencera directement le XXIIe, comme ça, sans rien savoir de ce qui aurait pu se passer, ni quelles nouveautés ou quels événements on a ratés : la Nintendo 7,65 magnum qui tue en vrai, le grand concert des 90 ans de Johnny Hallyday au Foyer des Aînés, la 18 000e émission de Thalassa, toujours encensée par Télérama.

C'est triste. Aussi, afin d'éviter qu'un siècle si prometteur nous file sous le nez, nous avons décidé de proclamer ceci : « Le XXIe siècle sera poétique ou ne sera pas. » Ouf ! Nous sommes sauvés !

Car, à l'évidence, la poésie est bien vivante et se

prépare à traverser le millénaire dans son petit radeau qui berce les mots et qui n'a peur de rien. Les raz de marée, les vagues et les vogues ne l'effraient pas, elle est toujours là ; et si tout devait être perdu, si la bombe majeure torpillait la planète, la poésie survivrait, c'est sûr. Elle irait s'installer, un peu plus haut, un peu plus loin, là où le temps s'appelle l'éternité.

Bien, cela dit, venons-en à la poésiethérapie. C'est vrai, on ne va pas faire le réveillon sur Malraux qui nous fiche le bourdon ! La thérapie par la poésie, c'est, enfin, la rupture d'une longue tradition d'introduction de toutes sortes de choses par les orifices disponibles, pour guérir le patient.

Au temps de Molière, il y eut le clystère qui consistait à envoyer dans le derrière le contenu savonneux et fleuri d'une énorme seringue à l'embout adapté – avec nécessité pour qui l'administrait de se sauver vite fait. Puis il y eut les gouttes dans le nez, dans les oreilles. Et par la bouche enfin, il y eut l'huile de foie de morue et les antibiotiques dans le yaourt aux fraises, détournement sadique.

Aujourd'hui, fini la barbarie. Bonjour la poésie. Il suffit en effet de suivre les conseils d'un poésiethérapeute averti pour attaquer de front la maladie. C'est l'objet de cet ouvrage.

Le poésiethérapeute considère qu'à chaque désordre physiologique ou psychologique correspond un poème dont la simple lecture atténue les symptômes ou les fait disparaître.

Prenons un exemple : vous souffrez d'insomnies, vous êtes constipé et vos fréquentes sautes d'humeur contrarient la plupart des projets que votre partenaire voudrait mener à terme en votre compagnie, parce que tout seul, c'est moins rigolo.

Jusqu'à présent, vous consultiez un homéopathe, et, vu les résultats qu'il obtient, vous vous dites qu'avec un poésiethérapeute il serait plus facile encore d'avaler la pilule car, chez lui, elle est seulement métaphorique.

Donc, pour combattre vos malaises, il vous établira l'ordonnance suivante :

ORDONNANCE POÉSIETHÉRAPEUTIQUE

Identification du praticien :

Jean-Joseph Julaud
Poésiethérapeute diplômé
des facultés du rêve, du doute et de la beauté.
Cyberconsultations : jjjuland@worldnet.fr

1) Contre l'insomnie : un Corbière (non, pas le vin, le poète !) chaque soir avant d'aller dormir.

2) Contre la constipation : des « Quatrains » de Péguy, une fois par jour, à lire dans les lieux qui conviennent.

3) Contre les inégalités d'humeur : « Baise m'encor » de Louise Labé, matin, midi et soir, pendant la nuit aussi, si le Corbière n'a pas fait d'effet.

Mais, si adaptée soit-elle à vos trois dysfonctionnements, cette prescription sera complètement inefficace si vous ne lui adjoignez l'accompagnement prévu, spécialement conçu pour vous conduire au charme des vers.

En effet, si vous entrez directement dans l'œuvre, un arrière-goût de cartable, de poussière de craie et de contrôle sur table, associera encore votre perception de la beauté à votre ancien statut d'ilote des salles de classe, d'esclave de pédagogues, de bête à concours pour dresseur lugubre.

L'accompagnement qui court-circuite ce genre de remugle de la mémoire précède chaque poème dans le livre que vous tenez en main ; il s'agit avant tout de partager avec vous le rire et l'émotion, l'humour et la tendresse : cela guérit de tout.

Vous l'aviez compris et vous êtes déjà parti voir comment on soigne l'éjaculation précoce ou bien la jalousie. Vous êtes malade de rire ? C'est tout le mal que nous vous souhaitions. Nous avons réussi. Merci.

J.-J. J.

1 – CONTRE LES PIQÛRES D'INSECTES

La piqûre d'un insecte est souvent ressentie comme une injustice. Pourquoi moi et non pas mon voisin, mon frère, mon cousin qui me regardent bêtement enlever le dard pendant qu'une perle de sang coiffe l'œdème réactif en forme de petit volcan ?

Pourquoi moi ? L'amertume se développe, l'esprit de vengeance aussi. On souhaite aux autres les mêmes douleurs. Au besoin, on laissera volontairement la fenêtre de leur chambre ouverte, un orageux soir d'août, afin que vingt moustiques, deux guêpes et un frelon investissent oreillers, pyjamas et couettes...

La paix du monde est menacée.

Pendant ce temps, la piqûre est devenue brûlure, elle irradie dans le corps tout entier, le vinaigre ou l'alcool ne font qu'ajouter à la douleur l'odeur aigre ou acide qui va déteindre sur l'humeur.

La fête est gâchée, la promenade écourtée, la soirée fichue.

Sauf si vous ouvrez votre manuel de poésiethérapie. C'est Verlaine qui va vous sauver. Lisez ce sonnet « L'espoir luit comme un brin de paille dans l'étable / Que crains-tu de la guêpe ivre de son vol fou... ». Le deuxième vers est le vers magique, celui qui dissout puis dissipe le mal car on se laisse emporter par le bercement des mots. Et, au dernier vers « Ah ! Quand refleuriront les roses de septembre ! », on n'a plus qu'une hâte, c'est de relire le texte entier, et même de l'apprendre par cœur. De plus, les deux mains étant occupées à tenir le livre, on n'est pas tenté de calmer les démangeaisons en se labourant les chairs. La guérison est très rapide.

Notre conseil : *Ce sonnet est destiné essentiellement aux piqûres de guêpes. Cependant, s'il s'agit d'une piqûre de moustique, on peut lire sans dommage « Que crains-tu du moustique ivre de son vol fou. » Même procédé si l'insecte est une abeille, une mouche, un taon, un cousin ou un frelon. Attention, il est préférable de ne pas utiliser ce poème pour une autre piqûre, celle d'un serpent ou d'un scorpion par exemple, car « Que crains-tu du serpent ivre de son vol fou » éloigne tout espoir de guérison.*

L'espoir luit...

L'espoir luit comme un brin de paille dans l'étable.
Que crains-tu de la guêpe ivre de son vol fou ?
Vois, le soleil poudroie toujours à quelque trou.
Que ne t'endormais-tu, le coude sur la table ?

Pauvre âme pâle, au moins cette eau du puits glacé,
Bois-la. Puis dors après. Allons, tu vois, je reste,
Et je dorloterai les rêves de ta sieste,
Et tu chantonneras comme un enfant bercé.

Midi sonne. De grâce, éloignez-vous, madame.
Il dort. C'est étonnant comme les pas de femme
Résonnent au cerveau des pauvres malheureux.

Midi sonne. J'ai fait arroser dans la chambre.
Va, dors ! L'espoir luit comme un caillou dans un creux.
Ah ! quand refleuriront les roses de septembre !

Paul Verlaine

2 – CONTRE LES MORSURES DE SERPENTS

La piqûre (plus exactement la morsure) du serpent peut être mortelle. Aussi, afin de mettre toutes les chances du côté de la victime, il faut lui proposer un texte très court qu'elle sera capable de lire avant que le venin parvienne au cœur, ce qui, en général, est fatal. Le cœur, dopé par les informations descendues en urgence du cerveau, fera la nique aux principes paralysants et pompera, pompera courageusement. Il maintiendra la vie dans le corps de celui qui trouvera alors assez de force pour chasser le secouriste non recyclé voulant à tout prix lui faire une autre piqûre, celle du sérum antivenimeux dont on sait qu'elle fait plus de victimes que la morsure du reptile.

Quel texte court proposer ? Une épigramme bien troussée fera l'affaire. On peut choisir l'une des plus connues de Voltaire : « L'autre jour, au fond d'un vallon / Un serpent mordit Jean Fréron... », mais lorsqu'on sait que Voltaire l'a empruntée à l'*Epigrammatum Selectus* datant de 1659, et que cet *Epigrammatum* le tenait lui-même d'un distique latin, « La vipère et le Cappadocien », on s'efforcera de faire lire les trois versions à la proie du serpent afin qu'elle assimile parfaitement l'idée que l'homme peut dépasser en virulence n'importe quel crotale, c'est une vérité qu'il faut absolument connaître avant de trépasser.

Notre conseil : *On peut accommoder les deux premiers vers aux circonstances et aux personnages concernés. Par exemple : « Ce midi, dans le grand salon, un aspic a mordu Tonton... » ou bien « Hier soir, sur l'île d'Oléron, un serpent mordit un Breton... », etc.*

EPIGRAMMATUM SELECTUS

Un gros serpent mordit Aurelle
Que croyez-vous qu'il arriva ?
Qu'Aurelle en mourut – Bagatelle !
Ce fut le serpent qui creva.

ÉPIGRAMME

L'autre jour au fond d'un vallon
Un serpent piqua Jean Fréron
Que pensez-vous qu'il arriva ?
Ce fut le serpent qui creva.

VOLTAIRE

3 – CONTRE L'IMPUISSANCE

Il n'est pas aisé de traiter de ce problème essentiellement masculin – on sait que les femmes usent en général d'artifices sonores simulateurs qui leur permettent de penser en même temps à des choses utiles : la liste des commissions, la lessive des slips et des chaussettes.

Donc, l'homme est contraint à une certaine efficacité, sinon, sa partenaire le déclare impuissant, le répète à ses amies intimes, puis à toutes ses amies qui le répètent à leur mari qui passe alors tout à fait par hasard dans la rue de ladite partenaire, s'arrête devant sa maison, frappe, s'assure que l'impuissant n'est pas là, parle du temps, du printemps, des fraises des bois, des fruits divers, et finit par mettre la main au panier.

Ce n'est guère honnête, mais à qui la faute ? Il eût pourtant été facile, grâce à la poésiethérapie, de remettre les choses en ordre afin que se dresse, altière et fière, un brin goguenarde, cette partie si imprévisible de l'homme que chacun nomme à sa façon.

Justement, dans la poésie de Mallarmé, si discutée, si obscure parfois, n'est-il pas permis de penser que le mot « aile » peut avoir un sens double ? Si on l'admet, la lecture de l'« Autre éventail » devient lumineuse et constitue un formidable encouragement pour un couple qui manque d'imagination pour relancer la machine.

> ***Notre conseil :*** *La lecture thérapeutique du poème doit s'effectuer en couple (surtout à cause de la première strophe). Les partenaires se tiennent l'un près de l'autre (pour la même raison). Il est particulièrement recommandé de réfléchir au troisième vers de la 2e strophe, à la limite de la contrepèterie, à la 3e strophe tout entière, et surtout au premier vers de la 4e strophe. Le sens du premier vers de la dernière strophe apparaît alors sans équivoque. Cette thérapie a jusqu'à présent donné d'excellents résultats.*

AUTRE ÉVENTAIL

Ô rêveuse, pour qui je plonge
Au pur délice sans chemin,
Sache, par un subtil mensonge,
Garder mon aile dans ta main.

Une fraîcheur de crépuscule
Te vient à chaque battement
Dont le coup prisonnier recule
L'horizon délicatement.

Vertige ! voici que frissonne
L'espace comme un grand baiser
Qui, fou de naître pour personne,
Ne peut jaillir ni s'apaiser.

Sens-tu le paradis farouche
Ainsi qu'un rire enseveli
Se couler du coin de ta bouche
Au fond de l'unanime pli !

Le sceptre des rivages roses
Stagnants sur les soirs d'or, ce l'est,
Ce blanc vol fermé que tu poses
Contre le feu d'un bracelet.

Stéphane MALLARMÉ

4 – CONTRE LA DOULEUR

La douleur est une enfant terrible, ingouvernable, qui se promène en vous toute la vie.

Parfois elle s'ensommeille pendant des mois, voire des années, puis elle s'éveille et s'installe dans la tête, quelques jours, pour une sarabande infernale. Elle s'évanouit. On la croit vaincue, morte, mais la voilà qui point dans les intestins où elle ondule, serpente et disparaît.

Un temps encore et la voilà triomphante dans la dent du fond, puis elle saute dans l'estomac, y laisse sa brûlure avant de vous sauter à la gorge.

Elle vous tient, elle ne vous lâchera jamais. Alors, vous la traquez avec de l'acide acétylsalicylique, du paracétamol, des pilules diverses aux couleurs gaies.

Il serait si simple pourtant de l'apprivoiser, de l'adoucir, de la domestiquer, de l'asservir en quelque sorte.

Le sonnet « Recueillement » de Baudelaire permet de maîtriser n'importe quelle douleur, mieux même, de se la concilier, d'en faire sa compagne, sa moitié fidèle.

Ainsi, lorsqu'elle survient, ce n'est plus une intruse, elle se glisse tranquillement dans les strophes, se dissémine dans les syllabes, se dissout. Plus besoin d'acide acétylsalicylique ou de paracétamol. L'effervescence des mots la sublime.

> ***Notre conseil :*** *Étant donné qu'on peut avoir besoin de ce sonnet n'importe quand pour une douleur soudaine, il est préférable de l'apprendre par cœur. Une lecture trois fois par jour pendant 15 jours permet de retenir le texte entier.*

Recueillement

Sois sage, ô ma douleur, et tiens-toi plus tranquille.
Tu réclamais le Soir ; il descend ; le voici :
Une atmosphère obscure enveloppe la ville,
Aux uns portant la paix, aux autres le souci.

Pendant que des mortels la multitude vile,
Sous le fouet du Plaisir, ce bourreau sans merci,
Va cueillir des remords dans la fête servile,
Ma Douleur, donne-moi la main ; viens par ici,

Loin d'eux. Vois se pencher les défuntes Années,
Sur les balcons du ciel, en robes surannées ;
Surgir du fond des eaux le Regret souriant ;

Le Soleil moribond s'endormir sous une arche,
Et, comme un long linceul traînant à l'Orient,
Entends, ma chère, entends la douce Nuit qui marche.

Charles Baudelaire

5 – CONTRE LA SURCHARGE PONDÉRALE : LE RÉGIME MINCEUR EN POÉSIE ET EN DOUCEUR

Perdez en quinze jours cinq kilos ou davantage.

La surcharge pondérale provient souvent d'un manque d'attention au moment des repas : on s'assoit à table, on se sert, on se ressert tout en devisant, en observant les autres, en les écoutant.

La pensée ainsi occupée, le corps et ses instincts en profitent, les narines frémissent à l'aïoli, la bouche se fait palais entier pour l'aloyau, on salive à nouveau au parfum d'un Bleu, et le fraisier nous fait fondre.

Les calories en surnombre, les perfides lipides, les coupables glucides rejoignent dans tous les recoins du corps leurs semblables en débâcle qui se tassent dans les bourrelets, la culotte de cheval, le double menton...

Pourtant, une simple cure de poésiethérapie peut en deux semaines vous faire retrouver votre poids idéal.

Pour cela, nul régime. Quelques poèmes, tout simplement.

Voici la méthode dont les résultats sont garantis à condition qu'on la respecte scrupuleusement :

Le matin, prenez un copieux petit déjeuner. Le midi, avant le repas, isolez-vous quelques instants afin de lire lentement une ballade de François Villon qui va se substituer à l'entrée que vous auriez choisie. Le contenu de cette ballade dite des « langues cuisantes, flambantes et rouges » vous coupera pour un bon quart d'heure l'appétit, si ce n'est davantage. Jugez-en dès à présent :

Ballade des langues cuisantes flambantes et rouges

Que dans du realgar, dans de la poudre d'arsenic,
Dans de l'orpiment, du salpêtre et de la chaux vive,
Dans du plomb bouillant pour qu'elles soient mieux
[réduites en bouillie,
Dans de la suie et de la poix délayées dans une lessive
Faite d'étrons et de pissat de juive,
Dans de l'eau qui a lavé des jambes de lépreux,
Dans des raclures de pieds et de vieux houseaux,
Dans du sang d'aspic et des drogues venimeuses,
Dans du fiel de loups, de renards et blaireaux
Soient frites ces langues malfaisantes !

Que dans la cervelle d'un chat qui a horreur de l'eau,
Noir et si vieux qu'il n'ait pas une dent sur sa gencive,
Ou d'un vieux mâtin qui vaut bien aussi cher,
Tout enragé dans sa bave et salive,

Que dans l'écume d'une mule poussive
Coupée menu avec de bons ciseaux ;
Dans de l'eau où plongent leurs groins et museaux,
Rats, grenouilles, crapauds et bêtes dangereuses,
Serpents, lézards et tels nobles oiseaux,
Soient frites ces langues malfaisantes.

Que dans du sublimé dangereux à toucher,
Et sur le nombril d'une couleuvre vivante,
Dans le sang qu'on voit sécher sur les palettes
Chez les barbiers, quand la pleine lune arrive,
Dont l'un est noir, l'autre plus vert que cive,
Dans un ulcère cancéreux, une tumeur suintante
Et dans des cuvettes sales
Où les nourrices décrassent leurs langes,
Dans de petits « bains » de filles qui font l'amour
(Qui ne me comprend point n'a point fréquenté les [bordels)
Soient frites ces langues malfaisantes !

Prince, passez tous ces friands morceaux
Si vous n'avez pas d'étamine, de sacs ou de bluteaux
À travers le fond d'une paire de braies embrennées ;
Mais auparavant que dans des étrons de pourceaux
Soient frites ces langues malfaisantes !

François VILLON

Si vous avez bien imaginé tout ce qui est évoqué, vous pouvez rejoindre la table où on vous attend. Vous ne prenez donc pas d'entrée et si quelqu'un s'en étonne, vous dites que vous vous réservez pour le plat de résistance.

Lorsque celui-ci arrive, vous vous servez sans excès et, tout en mangeant, vous faites revenir quelques images de la ballade de Villon (l'eau qui a lavé les jambes de lépreux, les raclures de pieds...). Vous verrez, l'aloyau ou la gélinotte passe difficilement. Et le fromage, lui, passera sans que vous en preniez.

Ah ! Voici le fraisier ! Funeste véhicule de centaines de grammes superflus. Pourtant, vous êtes très tenté, et vous en prendriez bien une tranche. Non ! Un effort de volonté, et vous voilà isolé de nouveau – vous partez vous laver les mains par exemple – ; vous sortez de votre poche la délicieuse recette qu'on trouve dans *Cyrano de Bergerac* (acte II, scène 4) : les tartelettes amandines.

Comment on fait les tartelettes amandines

Recette du pâtissier Ragueneau

Battez, pour qu'ils soient mousseux,
 Quelques œufs ;
Incorporez à leur mousse
Un jus de cédrat choisi ;
 Versez-y
Un bon lait d'amande douce ;

Mettez de la pâte à flan
 Dans le flanc
De moules à tartelettes ;
D'un doigt preste, abricotez
 Les côtés ;
Versez goutte à gouttelette

Votre mousse en ces puits, puis
Que ces puits
Passent au four, et, blondines,
Sortant en gais troupelets,
Ce sont les
Tartelettes amandines !

Edmond Rostand

Fermez les yeux, évoquez puissamment ces tartelettes toutes chaudes. Vous pouvez vous accorder ce petit plaisir sans conséquences sur votre poids. Dites-vous alors que déjà, vous êtes plus léger, c'est presque un kilo en moins. Et, pour terminer, pour n'être point tenté par les restes de fraisier, n'oubliez pas : « jambes de lépreux et raclures de pieds » !

Votre menu du midi pendant quinze jours se présente donc ainsi :

Entrée : François Villon
Plat de résistance : la viande et ses légumes
Fromage : extraits de François Villon
Dessert : Edmond Rostand

Pour le dîner, pendant ces deux semaines, procurez-vous, en édition de poche, *Exil* de Saint-John Perse. Vous devez en lire chaque soir, avant le repas, un extrait, et *le comprendre.* Vous constaterez qu'il vous restera seulement le temps de préparer une petite salade avant d'aller dormir. Voici donc votre menu du soir :

Entrée : Saint-John Perse
Plat principal : Salade
Pas de dessert (pas le temps !)

Voici à titre d'exemple, un extrait d'*Exil* :

« Relations faites à l'Édile ; confessions faites à nos portes... Tue-moi, bonheur !

Une langue nouvelle de toutes parts offerte ! une fraîcheur d'haleine par le monde

Comme le souffle même de l'esprit, comme la chose même proférée,

À même l'être son essence ; à même la source sa naissance :

Ha ! toute l'affusion du dieu salubre sur nos faces, et telle brise en fleur

Au fil de l'herbe bleuissante, qui devance le pas des plus lointaines dissidences ! »

Notre conseil : *Vous pouvez poursuivre ce régime pendant quinze jours supplémentaires. Vous remplacerez alors avec bénéfice Villon par Baudelaire dont le poème « Une charogne » constitue un puissant coupe-faim. Si, au moment du dîner, vous revêtez une longue robe pourpre pour aller dans la rue déclamer des phrases incompréhensibles en tendant les bras comme à la Comédie-Française, arrêtez tout de suite Saint-John Perse.*

6 – CONTRE LES INSOMNIES

Des soucis, des tracas, un projet qui n'avance pas, le travail poursuivi jusque vers les minuit, et vous voilà tout fébrile encore sous la couette, avec un flot d'images qui ne tarit pas. Comment s'endormir ?

Vous avez déjà compté plus de mille moutons, et il en arrive toujours. Que faire ? Rien pour l'instant.

Mais dès le lendemain matin, filez dans une librairie et achetez *Les Amours jaunes* de Tristan Corbière. Choisissez le poème intitulé « Rondel », et lisez-le plusieurs fois pendant les jours qui suivent.

En une semaine, vous le connaîtrez par cœur, et, dès que le sommeil vous fuira, fermant les yeux, tranquillement vous vous réciterez les trois strophes magiques qui vous berceront, jusqu'à l'oubli.

Notre conseil : *Si le sommeil ne vient pas tout de suite, c'est normal, c'est que le poème se plaît en vous et cherche lui aussi à s'endormir. Donnez alors à chaque strophe le bercement tranquille d'un bateau qui dérive sur l'eau calme, s'en va, disparaît.*

RONDEL

Il fait noir, enfant, voleur d'étincelles !
Il n'est plus de nuits, il n'est plus de jours ;
Dors... en attendant venir toutes celles
Qui disaient : Jamais ! Qui disaient : Toujours !

Entends-tu leurs pas ?... Ils ne sont pas lourds :
Oh ! les pieds légers ! – l'Amour a des ailes...
Il fait noir, enfant, voleur d'étincelles !
Entends-tu leurs voix ?... Les caveaux sont sourds.

Dors : il pèse peu, ton faix d'immortelles ;
Ils ne viendront pas, tes amis les ours,
Jeter leur pavé sur tes demoiselles...
Il fait noir, enfant, voleur d'étincelles !

Tristan CORBIÈRE

7 – CONTRE LES MALADIES VÉNÉRIENNES

Il s'est figé dans l'allée du Luxembourg : c'est elle ! Elle s'est retournée : c'est lui ! Lui, moins sot que Nerval, l'a suivie. Elle a ralenti, chaloupant légèrement sa démarche pendant que sa longue jupe berçait ses hanches graciles. Il est arrivé à sa hauteur et lui a dit : « Voulez-vous m'accompagner, pour toute la vie ? » Elle a dit oui.

Deux semaines plus tard, il s'est réveillé mal en point ; dans la journée, il a remarqué un écoulement purulent blanchâtre de son urètre. Elle lui a téléphoné : elle aussi a constaté le même écoulement plutôt jaunâtre dans son sous-vêtement. Il lui a dit qu'il ressentait de douloureuses brûlures en urinant, et que le méat urétral de sa verge était rouge et irrité. « C'est une chaude-pisse ! » lui a-t-elle dit dans un soupir langoureux. « Oui, chérie, une blennorragie ! Je suis d'accord avec ton diagnostic ! » Médecins tous deux, ils éprouvèrent un vif plaisir dans la justesse partagée de leurs déductions.

« Antibiotiques et sulfamides ! » dit-il. « Et pourquoi

pas un peu de poésie ? » proposa-t-elle, tout en essayant de calmer, de son index fin à travers sa longue jupe, le prurit infectieux qui brûlait son anus. « Mon amour, tu as raison, laissons le petit flot blanchâtre de nos écoulements lents et purulents aller vers leur terme. Tournons-nous l'un et l'autre vers les premiers instants de notre belle histoire, tu sais, lorsque je t'ai probablement transmis le gonocoque... »

Ils choisirent tous deux « Apparition » de Mallarmé. Et peu de temps plus tard, plus de prurit anal, plus d'urètre enflammé. Stéphane et son poème avaient tout arrangé.

Vous aussi, surveillez vos sous-vêtements, votre urètre, et si des liquides suspects les encombrent, si des démangeaisons épuisent votre index, lisez « Apparition » et vous serez guéris.

> ***Notre conseil :*** *Lire « Apparition » avant la relation sexuelle peut avoir des effets bénéfiques sur le langage qui est employé pendant les ébats. De « brut de décoffrage », les registres glissent vers le mallarméen, langue subtile et mystérieuse qui est en elle-même une extase.*

Apparition

La lune s'attristait. Des séraphins en pleurs
Rêvant, l'archet aux doigts, dans le calme des fleurs
Vaporeuses, tiraient de mouvantes violes
De blancs sanglots glissant sur l'azur des corolles.

– C'était le jour béni de ton premier baiser.
Ma songerie aimant à me martyriser
S'enivrait savamment du parfum de tristesse
Que même sans regret et sans déboire laisse
La cueillaison d'un rêve au cœur qui l'a cueilli.
J'errais donc, l'œil rivé sur le pavé vieilli
Quand avec du soleil aux cheveux, dans la rue
Et dans le soir, tu m'es en riant apparue
Et j'ai cru voir la fée au chapeau de clarté
Qui jadis sur mes beaux sommeils d'enfant gâté
Passait, laissant toujours de ses mains mal fermées
Neiger de blancs bouquets d'étoiles parfumées.

Stéphane MALLARMÉ

8 – CONTRE L'INFARCTUS DU MYOCARDE

Jamais ou presque on ne parle de lui, jamais on ne le remercie. Sa tâche nuit et jour, sans repos et sans trêve, s'égrène par coups sourds. Il va et vient dans sa petite loge, il a l'obstination de l'horloge, interminablement. De qui s'agit-il ? Du myocarde, de « cardia » en grec : cœur, et « mus » : muscle.

Guetté par l'ischémie, de « iskhein » en grec : arrêter, et « haima » : sang, il capitule parfois, prenant dans un étau de douleur la poitrine aux abois : c'est l'infarctus, de « in » en latin : dans, et « farcire » : remplir de farce.

Méfiez-vous donc, lorsque vous êtes farci de soucis, de problèmes, de tracas, le mauvais sang sécrète des acides gras, les artères se bouchent. Le myocarde pompe, pompe à tour de bras, mais bientôt plus rien ne vient. Alors, il ferme ses oreillettes, vide ses ventricules. Ça barde pour votre matricule !

Avant la situation extrême, sachez vous arrêter, prenez

le temps de lui parler, soutenez-le, encouragez-le. Vers 14 heures, par exemple sous un tilleul et sur un banc public, tout seul arrêtez-vous. Ne l'entendez-vous pas qui s'inquiète de tout ? Calmez-le. Et si vous êtes dans le jardin du Luxembourg, à l'extrémité de la rue de Fleurus, prenez à gauche, Verlaine est là sur son socle. Asseyez-vous. Rien ne presse. L'angoisse qui vous cherche s'est trompée d'adresse. Dépliez doucement le vélin sépia où vous avez copié « Nevermore » (selon notre conseil indiqué ci-dessous). Lisez à haute voix, sans hâte. Et que votre émotion ait la lenteur du pas. Et que votre regard ne recherche plus l'heure. N'est-ce pas qu'il est bon de parler à son cœur ?

> ***Notre conseil :*** *Afin qu'il n'y ait pas d'équivoque sur le destinataire, le cœur physique, vous pouvez remplacer une fois sur deux « mon pauvre cœur » par « mon myocarde » ; évitez alors de regarder la statue de Verlaine. Il est recommandé de recopier ce poème sur un vélin sépia, c'est chic, et ça évite de transporter tout le recueil.*

Nevermore

Allons, mon pauvre cœur, allons, mon vieux complice,
Redresse et peins à neuf tous tes arcs triomphaux ;
Brûle un encens ranci sur tes autels d'or faux ;
Sème de fleurs les bords béants du précipice ;
Allons, mon pauvre cœur, allons, mon vieux complice !

Pousse à Dieu ton cantique, ô chantre rajeuni ;
Entonne, orgue enroué, des Te Deum splendides ;
Vieillard prématuré, mets du fard sur tes rides ;
Couvre-toi de tapis mordorés, mur jauni ;
Pousse à Dieu ton cantique, ô chantre rajeuni.

Sonnez, grelots ; sonnez, clochettes ; sonnez, cloches !
Car mon rêve impossible a pris corps, et je l'ai
Entre mes bras pressé : le Bonheur, cet ailé
Voyageur qui de l'Homme évite les approches,
– Sonnez, grelots ; sonnez, clochettes ; sonnez, cloches !

Le Bonheur a marché côte à côte avec moi
Mais la Fatalité ne connaît point de trêve :
Le ver est dans le fruit, le réveil dans le rêve,
Et le remords est dans l'amour : telle est la loi.
– Le Bonheur a marché côte à côte avec moi.

Paul VERLAINE

9 – CONTRE LE STRESS PRÉOPÉRATOIRE

Vous allez subir une intervention chirurgicale. C'est la première fois, ou la dixième, peu importe. L'inquiétude vous gagne car vous savez que l'anesthésiste rôde.

Dès qu'il aura planté dans votre perfusion son crochet venimeux, votre conscience chargera en hâte dans son petit sac à dos votre âme, vos rêves, vos soucis, le découvert bancaire qui vous tracasse, et elle ira s'installer pour une heure ou deux dans le silence éternel des espaces infinis au moyen duquel ces Messieurs de Port-Royal ont tant effrayé le petit Blaise Pascal. Bref, vous serez dans le coaltar.

À votre réveil, tout se remettra en place progressivement : votre âme, un peu cabossée par les comètes, un peu plus tordue qu'avant, vos rêves, tout fripés, vos soucis, et votre découvert bancaire qui se sera encore creusé du prix de l'opération.

Et puis le chirurgien viendra vous voir. Un homme affable, à la voix sûre. Il vous raconte ce qu'il vous a fait et vous dit que tout va pour le mieux ; mais vous sentez bien, vous, qu'il ne dit pas la vérité, qu'il vous cache l'essentiel, et dans le petit sourire qu'il vous adresse en fermant la porte de la chambre, vous croyez décoder quelque chose de malsain que vous tentez de traduire, et vous obtenez cette phrase ahurissante : « Ah ! qu'est-ce qu'on a pu se marrer tout à l'heure avec vous sur le billard ! »

Eh bien oui ! Il faut le révéler aujourd'hui : l'équipe chirurgicale, parfois, s'amuse bien avec le patient, se bâtit une sorte de mise en scène dramatique, parfaitement décrite par Henri Michaux qui en fit un poème. Sa lecture vous permet de vous endormir en toute connaissance de cause et de ne plus être dupe des chirurgiens farceurs.

Le grand combat

Il l'emparouille et l'endosque contre terre ;
Il le rague et le roupète jusqu'à son drâle ;
Il le pratèle et le libucque et lui barufle les ouaillais ;
Il le tocarde et le marmine,
Le manage rape à ri et ripe à ra.
Enfin, il l'écorcobalisse.
L'autre hésite, s'espudrine, se défaisse, se torse et se ruine.
C'en sera bientôt fini de lui ;
Il se reprise et s'emmargine... mais en vain
Le cerceau tombe qui a tant roulé.
Abrah ! Abrah ! Abrah !
Le pied a failli !
Le bras a cassé !

Le sang a coulé !
Fouille, fouille, fouille,
Dans la marmite de son ventre est un grand secret
Mégères alentour qui pleurez dans vos mouchoirs ;
On s'étonne, on s'étonne, on s'étonne
Et vous regarde
On cherche aussi, nous autres, le Grand Secret.

Henri MICHAUX

Notre conseil : *Lisez avec votre chirurgien, avant l'opération, ce programme de Henri Michaux ; vous déciderez ensemble de ce qui pourrait être ajouté, ou évité. Le roupètage et le pratèlage par exemple, ne laissent pas de traces. En revanche, se faire systématiquement barufler les ouaillais peut, à la longue, rendre sourd.*

10 – CONTRE L'AMNÉSIE

Connaissez-vous le prénom d'Alzheimer ? Non ? Eh bien, méfiez-vous, c'est comme ça que ça commence...

Mais n'exagérons rien, si votre mémoire est défaillante, vous n'en êtes peut-être pas encore là.

Afin de vous en assurer, nous vous proposons d'effectuer un petit examen clinique et poétique indolore : il s'agit de vous faire poser quelques questions que Paul Verlaine posa lui-même à une personne qui lui était chère ; celle-ci manifestement, souffrait de la maladie d'Alzheimer à un stade déjà avancé puisque l'amnésie caractéristique de cette affection semble totale dans le poème où se trouve relaté cet interrogatoire.

Les questions sont les suivantes : « Te souvient-t-il de notre extase ancienne ? » et « Ton cœur bat-il toujours à mon seul nom ? Toujours vois-tu mon âme en rêve ? ». Elles devront vous être posées par votre conjointe ou concubine, et par celle de vos maîtresses qui a le plus d'ancienneté. Si vous êtes une femme, il va de soi que seul votre amant doit intervenir.

Si vous répondez « Oui » à chacune des questions, vous n'avez aucun souci à vous faire et des tas de bons souvenirs à glaner encore.

Si vous répondez « Non », votre cas n'est pas forcément alarmant car vous n'avez peut-être jamais éprouvé d'extase ancienne, peut-être même pas d'extase du tout. Alors, ne vous inquiétez pas, tout peut encore arriver. Et si l'affaire est habilement conduite, vous vous en souviendrez !

Voici donc cette scène où le cœur se serre dès qu'on entend les réponses de la malheureuse personne qui a perdu la mémoire.

Colloque sentimental

Dans le vieux parc solitaire et glacé,
Deux formes ont tout à l'heure passé.

Leurs yeux sont morts et leurs lèvres sont molles,
Et l'on entend à peine leurs paroles.

Dans le vieux parc solitaire et glacé,
Deux spectres ont évoqué le passé.

– Te souvient-il de notre extase ancienne ?
– Pourquoi voulez-vous donc qu'il m'en souvienne ?

– Ton cœur bat-il toujours à mon seul nom ?
Toujours vois-tu mon âme en rêve ? – Non.

– Ah ! les beaux jours de bonheur indicible
Où nous joignions nos bouches ! – C'est possible.

– Qu'il était bleu, le ciel, et grand, l'espoir !
– L'espoir a fui, vaincu, vers le ciel noir.

Tels ils marchaient dans les avoines folles,
Et la nuit seule entendit leurs paroles.

Paul VERLAINE

Notre conseil : *Si vous êtes célibataire depuis toujours, vous pouvez effectuer sur vous-même cet examen clinique, mais vous ne vous poserez alors que la question : « Te souvient-il de notre extase ancienne ? »*

11 – CONTRE LA CONSTIPATION

Le constipé est quelqu'un qui oublie de siéger quotidiennement dans les lieux où s'opère en la personne un dédoublement si banal qu'on en oublie qu'il est remarquable.

En effet, pendant que le cerveau se laisse envahir par des méditations diverses – ou bien lit *l'Équipe* – ses antipodes, avec une lenteur de dérive des continents, préparent des charges parfois explosives.

Celles-ci sont lâchées dans un environnement sonore et olfactif qui évoque plutôt une attaque de Huns, ahanant aux champs Catalauniques, que les gracieuses évolutions des forces de l'Otan en altitude.

Si vous êtes constipé, c'est que vous le méritez. Vous n'avez pas compris qu'il ne faut en aucun cas vous occuper de ce qui ne vous regarde pas, c'est-à-dire de l'œil cyclopéen, ridé du souci de bien faire et tapi dans la vallée de l'ombre.

Mi-clos, abîmé dans les délices d'une attente raisonnable, il possède la patience du veilleur solitaire. Ce qu'il attend se tortille avec des timidités de pucelle, avant de paraître au jour.

Alors, forcément, si vous jouez l'effaroucheur en conservant l'esprit de la sentinelle, les timidités de pucelle feront demi-tour.

Au contraire, occupez votre pensée, choisissez une lecture dense, abondante, interminable, emphatique et répétitive. Vous trouverez tout cela dans certaines œuvres poétiques de Charles Péguy.

Lisez-les jusqu'à ce que vous sentiez que la situation se débloque. Il a été constaté que cela demande finalement peu de temps : l'organisme mobiliserait toutes ses forces pour éviter au mental une indigestion de quatrains qui peut déboucher sur une constipation intellectuelle irrémédiable.

Voici donc le début de ce qui vous conduira à une prompte libération.

Quatrains

Cœur dur comme une tour,
Ô cœur de pierre,
Donjon de jour en jour
Vêtu de lierre.

De tous liens lié
À cette terre,
Ô cœur humilié,
Cœur solitaire.

Cœur qui as tant crevé
De pleurs secrets,
Buveur inabreuvé,
Cendre et regrets.

Cœur tant de fois baigné
Dans la lumière,
Et tant de fois noyé
Source première.

Ô cœur laissé pour mort
Dans le fossé,
Cœur tu battais encore,
Ô trépassé...

Charles PÉGUY

Etc. pendant des pages et des pages, 1 413 quatrains en tout !

> ***Notre conseil :*** *Ne lisez pas à voix haute ces quatrains car, vous entendant, et ressentant alors une soudaine urgence, les membres de votre entourage vous demanderaient de libérer sans attendre la place que vous occupez.*

12 – CONTRE LES INÉGALITÉS D'HUMEUR

Rien de plus mystérieux que l'humeur des gens. Elle varie souvent d'un jour à l'autre. Parfois même, dans la journée, elle tourne comme le vent, la brise devient bise et mord le passant.

En vérité, l'état de l'humeur n'est qu'un demi-mystère. En effet, chacun sait combien l'éveil, chaque matin, est important. Ne dit-on pas d'ailleurs de quelqu'un qui a l'humeur maussade : « Il s'est levé (ou, plus souvent, elle s'est levée) du pied gauche ! » Euphémisme ! Le pied n'est pas coupable. C'est en amont qu'il faut chercher les causes.

On peut même remonter jusqu'à l'endormissement. « Longtemps, je me suis couché de bonne heure... », cet incipit exemplaire inaugure à la fois *À la recherche du temps perdu* et une très belle plongée dans les labyrinthes morphiques. Marcel Proust y avoue combien le baiser de sa mère était important pour qu'il trouvât la paix au seuil de la nuit.

Il eût aimé qu'elle le baisât plusieurs fois, mais elle s'y

refusait, non qu'elle fût économe de douceur, mais elle craignait que cela contrariât son mari qui lui aussi avait envie de baisers.

On le constate, le baiser et ses tendresses sont essentiels non seulement pour inaugurer le sommeil, mais pour en sortir gai et content. L'humeur est ainsi régulée en son optimum, pour la journée.

Quotidiennement, on doit donc relâcher ses buccinateurs et ses risorius, durcir et tendre son orbiculaire, afin de baiser comme il faut son partenaire, le matin, bien sûr, mais aussi le soir – Proust en démontre la nécessité, lui qui, frustré que sa mère ne redoublât ou ne trissât point, fut toute sa vie mi-figue, mi-raisin.

Mais qu'est-ce que baiser ?

« Baiser. Le mot est doux.
Je ne vois pas pourquoi votre lèvre ne l'ose ;
S'il la brûle déjà, que sera-ce la chose ?
Ne vous en faites pas un épouvantement :
N'avez-vous pas tantôt, presque insensiblement,
Quitté le badinage et passé sans alarmes
Du sourire au soupir, et du soupir aux larmes !
Glissez encore un peu, d'insensible façon :
Des larmes au baiser, il n'y a qu'un frisson ! »

Sous le balcon de Roxane, dans l'obscurité, c'est le branle-bas ! Cyrano, le laid au grand nez, fait monter aux oreilles de la jeune fille les niaiseries de circonstance, afin que Christian de Neuvillette, jeune, beau et bête, aille cueillir sur les lèvres de l'aimée, ce qu'il espère.

Celle-ci, après avoir entendu une première définition du terme, s'exclame :

« Taisez-vous ! »

Il faut savoir qu'en une telle situation, ce « Taisez-vous ! » dans la bouche d'une femme est l'équivalent de l'expression « Vas-y ! ». Ce que comprend fort bien Cyrano qui poursuit :

« Un baiser, mais à tout prendre qu'est-ce ?
Un serment fait d'un peu plus près, une promesse
Plus précise, un aveu qui veut se confirmer,
Un point rose qu'on met sur l'i du verbe aimer ;
C'est un secret qui prend la bouche pour oreille,
Un instant d'infini qui fait un bruit d'abeille,
Une communion ayant un goût de fleur,
Une façon d'un peu se respirer le cœur,
Et d'un peu se goûter, au bord des lèvres, l'âme ! »

Roxane :

« Taisez-vous ! »

Cyrano :

« Un baiser c'est si noble, madame... »

Et ça continue, jusqu'à ce que, finalement, Christian de Neuvillette grimpe au balcon et s'occupe, avec Roxane, de l'i du verbe aimer.

Évidemment, Roxane est ravie, et se montre d'une parfaite bonne humeur jusqu'à la fin de la pièce.

Voilà qui démontre que, bien baisée, une femme, telle que Roxane, répand autour d'elle une gaieté communicative. Mal baisée, au contraire – c'est-à-dire victime de la déficience du muscle orbiculaire de son partenaire –, elle promènera sur ses semblables un regard méchant, aura pour chacun une parole désagréable, se plaindra sans cesse de malaises divers, souvent imaginaires.

Ce profil très commun étant en augmentation, il est temps de proposer contre ces inégalités de l'humeur un traitement sous la forme d'un poème thérapeutique qui nous vient du XVIe siècle, et dont l'efficacité n'est plus à prouver.

Son auteur, Louise Labé, y donne des indications précises sur l'action elle-même, et révèle combien de fois elle doit être pratiquée.

Ainsi, dans le premier vers, on dénombre quatre itérations : « Baise m'encor » signifie qu'une première opération s'est déroulée, et qu'on en est déjà à la deuxième. « Rebaise-moi » évoque la troisième fois ; et « baise », en fin de vers, la quatrième. Quatre fois ! Étant donné qu'aucune indication du moment de la journée n'est fournie, on peut en déduire que la recette est applicable le matin et le soir, et même l'après-midi.

Baise m'encor...

Baise m'encor, rebaise moy et baise :
Donne m'en un de tes plus savoureus,
Donne m'en un de tes plus amoureus :
Je t'en rendrai quatre plus chaus que braise.

Las, te plein tu? ça que ce mal j'apaise,
En t'en donnant dix autres doucereus.
Ainsi meslans nos baisers tant heureus
Jouissons nous l'un de l'autre à notre aise.

Lors double vie à chacun en suivra.
Chacun en soy et son ami vivra.
Permets m'Amour penser quelque folie :

Tousjours suis mal, vivant discrettement,
Et ne me puis donner contentement,
Si hors de moy ne fay quelque saillie.

Louise Labé

Notre conseil : *Si vous estimez que, même sans le traitement proposé, vous faites preuve d'une égale bonne humeur au quotidien, effectuez auprès de votre entourage une discrète enquête sur vous-même. Vous aurez sans doute des surprises, voire des propositions...*

13 – CONTRE LES RHUMATISMES

Si, à soixante ans, vous vous réveillez le matin sans ressentir aucune douleur, c'est que vous êtes mort !

Cette boutade souligne la survenue, vers ce que Rabelais nommait « l'âge climatérique », de rhumatismes divers, ceux qui ramènent au foyer le mari volage afin que l'épouse fidèle, usant de baumes et d'onguents, effectue des massages sur les parties du corps qui souffrent d'élancements, d'anciens baisers brûlants.

Les femmes aussi souffrent de rhumatismes, mais la plupart du temps, ce sont elles qui s'appliquent les pommades antalgiques, le mari considérant que, des caresses apaisantes, en d'autres temps, il épuisa le contingent.

En grec, « rhumatisme » signifie « écoulement de l'humeur ». C'est le premier signe de l'irréversible, le début d'une préoccupation du corps, dans laquelle l'esprit n'a plus à intervenir : relâcher sur l'océan du temps, une à une, les ultimes illusions de la jeunesse, afin qu'elles s'agglomèrent loin, quelque part, et qu'elles masquent à une âme nouvelle, les brutales réalités du monde.

Mais foin de lyrisme pessimiste ! Si vous souffrez de rhumatismes, ne vous laissez pas aller à une vision gaullienne des choses (« la vieillesse est une succession de dernières fois » affirmait le Général de Gaulle – si bien que, suivant sa logique, on peut déclarer que le nourrisson qui abandonne les langes puis le biberon est déjà un petit vieux).

Suivez plutôt l'optimisme d'Étienne de La Boétie, grand copain de Montaigne (« Si on me presse de dire pourquoy je l'aymois, je sens que cela ne se peut exprimer, qu'en respondant : Par ce que c'estoit luy ; par ce que c'estoit moy. » Ça y est ? Vous les remettez ?)

Étienne de La Boétie souffre de douleurs rhumatismales et, loin de se mettre à geindre ou à réclamer du baume Algipan ou du Percutalgine, il écrit un sonnet. Il y parle de ses douleurs, et dit que, oui, bien sûr, ça lui fait mal, mais que ce n'est pas trop grave, parce que, de toute façon, ça ne va pas forcément durer cent sept ans et qu'il sera bien content quand ce sera fini. Voilà un exemple à suivre et un sonnet à méditer dès le réveil, à partir de soixante ans.

Sonnet

C'était alors, quand, les chaleurs passées,
Le sale Automne aux cuves va foulant
Le raisin gras dessous le pied coulant,
Que mes douleurs furent commencées.

Le paysan bat ses gerbes amassées,
Et au caveau ses bouillants muids roulant
Et des fruitiers son automne croulant,
Se venge lors des peines avancées.

Serait-ce point un présage donné
Que mon espoir est déjà moissonné ?
Non, certes, non : mais pour certain je pense,

J'aurai, si bien à deviner j'entends,
Si l'on peut rien pronostiquer du temps
Quelque grand fruit de ma longue espérance.

Étienne DE LA BOÉTIE

Notre conseil : *Si vous êtes perclus de maux articulaires, lisez, en plus de ce sonnet, les* Essais *de l'alter ego Montaigne, trois mille pages écrites petit. En général on comprend sa douleur, et ainsi, on souffre plus lucidement.*

14 – CONTRE LE GLAUCOME AIGU

Le glaucome aigu, grave maladie de l'œil, relève de l'urgence médicale. Des baisses d'acuité visuelle ont pu, dans les jours précédant la crise, vous faire croire à une éclipse, une explosion atomique, à l'éruption d'un volcan d'Auvergne laissant exploser sa joie à l'annonce du projet Vulcania, au déclenchement de la phase 1 de l'Apocalypse de saint Jean, au passage en rase-mottes de l'Aigle noir de Barbara, les ailes déployées, lentement.

Non, ce n'était pas cela : il y aurait eu du bruit, pour l'explosion atomique et pour l'Apocalypse. Et, quittant l'Auvergne dévastée, monsieur Giscard d'Estaing eût fait une apparition télévisée où, imitant le cri de Pierre Desproges, il se serait réjoui que les volcans eux-mêmes l'approuvassent ainsi.

Enfin, pour l'Aigle noir, le radada étant contre-indiqué, il se serait forcément pris les pattes dans les cheminées, s'écrasant un peu plus loin, dans un fracas de plumes et d'ailes brisées. Pas question de lui demander alors « Dis, l'oiseau, oh, dis emmène-moi, retournons au pays d'autrefois ! », car le décollage pour ce pays d'autrefois, forcément situé en arrière, aurait réclamé que fussent substituées aux ailes endommagées, celles du temps, et cette greffe, jusqu'à présent n'a jamais réussi, sur quelque aigle que ce soit.

Donc, le glaucome relève de l'urgence médicale, et si vous avez lu toute la digression extravagante entamée plus haut, vous avez perdu un temps précieux. Peut-être même n'y voyez-vous goutte ! Trop tard ! Il fallait y penser avant. Bonne nuit !

Il ne vous reste plus qu'à prendre votre mal en patience en demandant qu'on vous fasse la lecture, celle d'un poème par exemple, et pourquoi pas l'un de ceux de Pierre de Marbeuf (1596-1635) où se trouve décrit, justement, l'œil, et de façon si guillerette que vous aurez l'impression de le voir, lui, démonté en toutes ses parties.

L'œil aveugle qui se contemple ! Vous voilà embarqué dans un fameux paradoxe ! Votre œil voit-il ce qu'il ne voit pas ? Saurez-vous répondre après lecture de ce poème-ci ?

L'anatomie de l'œil

L'œil est dans un château que ceignent les frontières
De ce petit vallon clos de deux boulevards.
Il a pour pont-levis les mouvantes paupières,
Le cil pour garde-corps, les sourcils pour remparts.

Il comprend trois humeurs, l'aqueuse, la vitrée,
Et celle de cristal qui nage entre les deux :
Mais ce corps délicat ne peut souffrir l'entrée
À cela que nature a fait de nébuleux

Six tuniques tenant notre œil en consistance,
L'empêchent de glisser parmi ses mouvements,
Et les tendons poreux apportent la substance
Qui le garde, et nourrit tous ses compartiments.

Quatre muscles sont droits, et deux autres obliques,
Communiquant à l'œil sa prompte agilité,
Mais par la liaison qui joint les nerfs optiques,
Il est ferme toujours dans sa mobilité.

Bref, l'œil mesurant tout d'une même mesure,
À soi-même inconnu, connaît tout l'univers,
Et conçoit dans l'enclos de sa ronde figure
Le rond et le carré, le droit et le travers.

Toutefois ce flambeau qui conduit notre vie,
De l'obscur de ce corps emprunte sa clarté :
Nous serons donc ce corps, vous serez l'œil, Marie,
Qui prenez de l'impur votre pure beauté.

Pierre DE MARBEUF

Notre conseil : *On ne comprend pas très bien ce que vient faire Marie à la fin, mais on devine que c'est pour ses beaux yeux que Pierre de Marbeuf composa le poème. Vous pouvez donc substituer au prénom Marie, celui de la dame ou de l'homme de vos pensées – Jeanine, Simone, ou Marcel, ou Roger – à condition de le faire rimer avec le premier vers de la dernière strophe. Mais ce n'est pas obligatoire, c'est vous qui voyez !*

15 – CONTRE LA DOULEUR NOCTURNE

Une névralgie soudaine vous empêche de trouver le sommeil, ou bien c'est un élancement dans la cheville qui retrouve ses dimensions normales après que vous vous êtes trop vanté dans la journée.

Ou bien encore, c'est un phéochromocytome logé dans les médullo-surrénales qui se rappelle à vous par une céphalée.

C'est une stéatorrhée idiopathique qui vous donne la colique.

C'est l'ariboflavinose, l'hyperlipémie, la diverticulite qui vous asticotent le système nerveux.

Ce peut être tout simplement la dent du fond qui s'est cassée en deux au dîner sur un caillou oublié dans les petits pois extra-fins.

Ce peut être n'importe quoi, mais ça vous fait mal.

Vous avez déjà essayé « Sois sage, ô ma douleur » de Baudelaire (voir « Contre la douleur »), mais elle n'a rien voulu entendre, refuse de vous donner la main et de voir « se pencher les défuntes Années sur les balcons du ciel ».

Voici un court poème d'Évariste Parny (1753-1814) qu'il faut lire comme on prend le dernier train, en laissant derrière soi l'obscurité épaisse où s'annule tout mouvement, où bourgeonnent partout, en spirales ronflantes, de tranquilles sommeils qui faneront au petit jour, et peut-être jamais.

À LA NUIT

Toujours le malheureux t'appelle,
Ô nuit favorable aux chagrins !
Viens donc, et porte sur ton aile
L'oubli des perfides humains.
Voile ma douleur solitaire ;
Et, lorsque la main du Sommeil
Fermera ma triste paupière,
Ô dieux ! reculez mon réveil ;
Qu'à pas lents l'aurore s'avance
Pour ouvrir les portes du jour :
Importuns, gardez le silence,
Et laissez dormir mon amour.

Évariste PARNY

Notre conseil : *Plutôt que de demander aux dieux de reculer votre réveil, vous pouvez en retirer la pile alcaline et le mettre dans le tiroir de la table de nuit.*

16 – CONTRE LE CHAGRIN D'UNE RUPTURE

Elle est partie, n'est-ce pas ? Vous avez mal. Elle ne reviendra pas. Inutile d'attendre en faisant les cent pas.

Elle a tourné le dos et choisi d'autres ciels. Mais tout ce temps passé à dresser vers l'azur des échelles sans fin, tous ces mots disparus vers les cimes aveugles, et ces cris déchirants juste avant de mourir ? Ce n'était rien, c'était pour rire.

Elle a dit : tout cela je l'oublie, je t'oublie, je m'en vais et je refais ma vie.

Alors autour de vous, comme un grand cercle vide, s'est installée l'absence d'elle, et même si quelque autre gravite un peu trop près de ce qui fut son nom, sa chanson, et sa voix un peu lasse, rien ne s'efface, l'absence, l'absence d'elle est éternelle.

Elle est partie, n'est-ce pas ? Un an, deux ans, cinq ans. Rien ne passe à l'oubli, et tout va comme si, dès le matin, elle tendait l'oreille.

Parce que vous lui parlez toujours. Sais-tu bien qu'aujourd'hui, j'ai entendu quelqu'un qui riait comme toi, et puis j'ai vu aussi la couleur que tu aimes, je t'ai récité un poème.

Le soir arrive, vous fermez les yeux. Et voilà qu'au milieu de la nuit, elle rêve de vous puisque sur le chemin d'un ancien rendez-vous, elle est là.

L'air est doux. La lumière s'affole et surgit de partout. Vous partez tous les deux vers la forêt prochaine. On ne vous reverra pas de la semaine.

Les mois passeront. L'hiver aura changé vos silhouettes. Ce sont deux inconnus qui surgiront dans le printemps, s'aimeront sans mémoire sur les berges du temps.

Elle est partie, n'est-ce pas ? Attendez ! Elle commence à peine à traverser l'éternité. Cherchez-la, même si le regard vous abandonne, même si vous n'êtes plus personne, plus qu'un souffle, un nuage, le rouge d'un couchant qu'on ne regarde pas. Celui que vous serez reconnaîtra son pas.

Et puis, pour attendre ce moment, apprenez par cœur et récitez, chaque fois que vous avez mal, chaque fois que c'est nécessaire, l'Adieu d'Apollinaire.

L'Adieu

J'ai cueilli ce brin de bruyère
L'automne est morte souviens-t'en
Nous ne nous verrons plus sur terre
Odeur du temps brin de bruyère
Et souviens-toi que je t'attends.

Guillaume Apollinaire

Notre conseil : *Si vous êtes une femme, remplacez tous les pronoms personnels « elle » par le pronom personnel « il ».*

17 – CONTRE LE DALTONISME

Attention ! Le feu est orange. Vous arrivez à une vitesse qui vous permet de vous arrêter tranquillement. Mais soudain, dans votre cerveau limbique de reptilien, une idée serpente, vive comme l'éclair : « Ça va passer ! »

C'est comme une morsure, délicieuse, on ne sait où dans le corps, plutôt près du cœur : « Ça va passer ! » Vous foncez ! Mais le pandore de service vous arrête un peu plus loin :

– Vous êtes daltonien ?

Et là, vous commencez à douter. Si vous êtes passé, c'est que quelque part en vous, ce feu était vert, bien vert. Il y a un doute.

– Vous êtes sûr, monsieur l'agent, que...

Il se met dans une colère dont vous ne parvenez pas à identifier la couleur. Vous voulez alors lui faire des yeux noirs, vous vous trompez et lui lancez un regard rose comme la vie. Il se radoucit :

– Vous m'avez fait une peur, tout à l'heure, dit-il, une peur... C'est de quelle couleur déjà, la peur ?

– La peur ? Vous voyez, vous aussi, vous souffrez de dyschromatopsie !

– Vous croyez ? Mais alors, le feu ?...

– Je vous assure, monsieur l'agent, pour moi, tout à l'heure, et tout au fond de moi, il était vert, le feu...

– Vert, le feu ? Pourtant, dans mon pavillon de banlieue, le soir de Noël, nous stationnons, ma femme, mes enfants et moi-même, devant un feu de chêne, bien rouge...

– Qui vous dit que ce n'est pas du bois vert ?

– Alors vous pensez... Il faut que je me repose, que dès la fin de la semaine, je me mette au rouge.

– Vous voulez dire « au vert », parce qu'« au rouge »...

– Oui, j'y suis depuis longtemps, ça me tourne la tête... Mais, comment faire maintenant ? Comment vais-je être sûr du monde et de ses tons, et comment vais-je voir la peur et la colère, l'arbitre et ses cartons, la robe des grands crus, les couleurs du ballon...

– Il nous faudrait un test, quelque chose de sûr. Montez dans ma voiture. Je viens de m'acheter ce soir, tout Paul Éluard. Cherchons si par hasard...

Vous feuilletez ensemble et soudain vous tombez sur ce poème qui fait tant se pâmer les professeurs de faculté, intitulé on ne sait trop pourquoi « Premièrement », et qui commence par « La terre est bleue comme une orange ».

Vous commentez ce vers, longtemps, plus longtemps encore. Et ça n'en finit pas. Comme l'ont fait avant vous les docteurs à bonnet.

La nuit s'avance, vous en êtes à la dixième ligne : « Les guêpes fleurissent vert » et vous vous dites que désormais vous en êtes certains, Éluard était daltonien : l'indice le plus sûr, outre cet invraisemblable fleurissement de guêpes vertes, c'est la confusion de l'orange et du bleu !

– L'orange, foi de pandore, c'est entre le rouge et le vert ! Comme la colère est noire, la peur bleue, la robe blanche pour l'amour, et le feu rouge, bien rouge ! Il était rouge ! Je suis guéri, miracle, je suis guéri ! Ah, mon gaillard, vous êtes pris !

Et, juste au moment où « l'aube se passe autour du cou un collier de fenêtres », l'agent, hors de votre voiture s'élance, et vous dresse une contredanse.

Que vous importe, vous êtes heureux. Avec un seul Éluard, vous guérissez deux yeux !

Voici ce poème détecteur de dyschromatopsie. Il permet aussi de dévoiler le daltonisme intellectuel : ne voir que par Éluard relève donc d'une sorte d'infirmité.

Premièrement

La terre est bleue comme une orange
Jamais une erreur les mots ne mentent pas
Ils ne vous donnent plus à chanter
Au tour des baisers de s'entendre
Les fous et les amours
Elle sa bouche d'alliance
Tous les secrets tous les sourires
Et quels vêtements d'indulgence
À la croire toute nue.

Les guêpes fleurissent vert
L'aube se passe autour du cou
Un collier de fenêtres
Des ailes couvrent les feuilles
Tu as toutes les joies solaires
Tout le soleil sur la terre
Sur les chemins de ta beauté.

Paul ÉLUARD

Notre conseil : *Si vous êtes le pandore verbalisateur, n'insistez pas, nous étions là, le feu était bien vert quand est passé Monsieur.*

18 – CONTRE LES ALLERGIES

Avril met dans le vent les pollens de printemps et toutes les fragrances qui, chatouillant vos narines, rassemblent en vous l'épars endormi par la saison gelée. Cet épars, congloméré de nouveau, a la forme d'une bête fringante, les naseaux grands ouverts, et reniflant, soucieuse, les effluves de tout ce qui appelle la vie. Les fleurs en particulier.

Alors bien sûr, la bête se met en quête de ce qui va répondre à l'appel de son instinct. Et elle n'a de cesse que sa chasse aux pétales de roses ou au double papillon des fuchsias ne s'orne de belles prises. Et pour ce faire, elle sort sans cesse, par tous les temps, hume avec délices d'invisibles spirales lâchées par d'impatientes attentes, comme des bouteilles à l'air.

Et puis voilà que survient l'inévitable : des éruptions de petits boutons, des prurits, des rougeurs, des candidoses aiguës, des champignons, des étouffements, des crêtes de coq, des chairs de poule, différents écoulements par-ci, par-là.

Afin de n'être point victime de ces troubles, il est important d'éviter la fleur qui pourrait vous les donner.

Consultez le petit carnet sur lequel vous notez toutes les inflorescences où vous avez fourré le nez, faites habilement glisser la conversation sur certaines d'entre elles lorsque vous déjeunez avec un botaniste averti, un professionnel qui partage avec vous cette même passion butineuse pour les printemps tout neufs.

Méfiez-vous cependant, car si vous jetez le soupçon sur une belle plante à laquelle il tient, et dont il n'eût jamais pensé qu'elle pût se faire le réceptacle occasionnel d'un mufle de passage, vous risquez un bourre-pif.

Soyez habile, et, aussitôt que vous avez identifié la corolle vénéneuse, lisez ce poème de Georges Chennevière qui vous indique la marche à suivre :

L'ÉTRANGER

Étranger, ne te rendors pas
Ce n'est pas encor le retour.
Ne t'attache pas à ces choses,
Ne demeure pas devant elles.
Ne laisse pas les souvenirs
Monter en eau à tes paupières.

Cette fleur, ne la cueille point,
Ne prolonge pas ce baiser,
Ne garde rien entre tes mains.
Ne fais rien qui puisse durer.

Ton cœur se viderait d'un coup.
Vite, vite, il faut repartir.

Je repars, sans être venu.
Est-ce l'adieu définitif?
Le monde glisse sous mes pas.
Je sens que je n'aurais pas dû
Hélas, regarder si longtemps
Tous ces visages.

Georges CHENNEVIÈRE

Notre conseil : *Agissez de sorte que votre ami botaniste vous révèle le nom de ses propres spécimens hypoallergéniques. Rien ne vous empêche de passer un jour les renifler, en toute sécurité.*

19 – CONTRE L'ÉJACULATION PRÉCOCE

La « praecox ejaculatio » est un véritable fléau social. En effet, dans la phase du commerce amoureux qu'il est d'usage d'appeler la « conclusion », de nombreux jeunes hommes occupant la tranche d'âge des lycéens ou des étudiants (des Deug lettres notamment, plus émotifs), se conduisent au combat comme les Prussiens devant Kellermann à Valmy qui tirèrent en l'air puis se rendirent, le tout en quelques secondes.

Le résultat est désastreux, car, outre l'indéniable influence que cela peut avoir sur l'humeur de la population étudiante féminine (voir « Contre les inégalités d'humeur »), le peu de temps passé à l'affaire dégage un nombre considérable d'heures qu'il faudra occuper.

Et voilà encore les lycéens et étudiants bras dessus, bras dessous, défilant dans les rues, barrant les routes, les autoroutes, scandant des refrains révolutionnaires, alors qu'ils devraient faire proférer à leur partenaire des slogans autrement exaltants !

Le ministère s'inquiète, le gouvernement se réunit, le président multiplie les déclarations où il souhaite l'apaisement du mouvement. La patrie est en danger.

Tout cela parce que, contre la « praecox ejaculatio », jamais ne fut imaginée la thérapie adéquate que voici.

Il s'agit de se procurer l'intégralité du « Combat contre les Mores » qu'après une nuit blanche passée au combat, Gérard Philipe récite vaillamment au roi Don Fernand, dans le *Cid* de Corneille.

« Le combat contre les Mores », c'est la métaphore de toute lutte qu'on engage contre n'importe quel adversaire.

Pour la « praecox ejaculatio », l'adversaire n'est autre que soi-même. La mise en situation est simple : le lycéen ou l'étudiant volontaire pour en finir avec ses pratiques expéditives doit se mettre dans la tête qu'il est Rodrigue. La rareté du prénom Chimène l'autorise à choisir n'importe quelle Géraldine, Audrey ou Magali.

Son rôle consiste à endiguer la frénésie de combattants surexcités qui veulent à tout prix et tout de suite envahir ce qu'ils considèrent déjà comme une enceinte conquise.

Sur une feuille 21 × 29,7 qu'il tient d'une main, sont reproduits les soixante-dix alexandrins qu'il déclamera sans discontinuer, pendant toute la durée de l'opération, jusqu'à la victoire, sachant décoder chaque fois que c'est possible, les similitudes entre sa propre situation et celle de Rodrigue.

Déjà « Sous moi donc, cette troupe s'avance... » permet d'évoquer les forces qui se mettent en branle, le matériel nécessaire pour combattre, et la position rampante qu'adoptent les belligérants dans la plupart des embuscades.

Puis : « Nous partîmes cinq cents mais par un prompt renfort, nous nous vîmes trois mille en arrivant au port » souligne l'affluence désordonnée d'innombrables éléments émoustillés, le ban et l'arrière-ban, qu'il va falloir calmer.

« Nous nous levons alors, et tous en même temps
Poussons jusques au ciel mille cris éclatants. »

Manifestement, dans ce passage, un changement de position est conseillé au moment où, spontanément, parce que tout le monde se sent bien engagé dans la bataille, une satisfaction conjointe se manifeste bruyamment (on peut alors imaginer la simulation de divers cris de guerre, prolongés d'ordres d'attaque précis et intelligibles, l'invocation pathétique ou brutale de divinités ordinairement sollicitées en cas de naufrage ou de bombardement).

Les quatre vers qui suivent seront lus lentement, une pause dans la lecture peut même être accordée afin de bien assimiler l'image exaltante des « grands coups » qu'il faut se faire un devoir de donner.

« Ô combien d'actions combien d'exploits célèbres
Sont demeurés sans gloire au milieu des ténèbres
Où chacun seul témoin des grands coups qu'il donnait
Ne pouvait discerner où le sort inclinait ! »

Ensuite, il est important de négocier dans les meilleures conditions un passage délicat afin de ne point hâter l'issue de l'affaire. En effet, « Poussent jusques aux cieux des cris épouvantables » sera à ramener au singulier par le patient atteint de « praecox ejaculatio », c'est-à-dire qu'à ce moment, Géraldine, Audrey ou Magali (éventuellement les trois, si par hasard elles se sont trouvées là en même temps) font ce qu'elles veulent dans le registre sonore, mais Rodrigue doit absolument demeurer maître de la situation.

Enfin, il faut bien que les choses se terminent, n'est-ce pas, il n'est de meilleure compagnie qui ne se quitte. Cela se fera à la fois tranquillement et triomphalement : il suffit de prévenir celle qui joue le rôle de la ville, tout étonnée de n'avoir point encore été écrasée, que le dernier vers est le signal d'une livraison imminente, suivie de l'arrêt de l'assaut, pour cause de rupture de stock :

« Je vous les envoyai tous deux en même temps ;
Et le combat cessa faute de combattants. »

En approfondissant la lecture active du texte, vous constaterez que votre situation de conquérant à la petite couette se rapproche constamment de celle du Cid Campeador. Ainsi « Et je feins hardiment d'avoir reçu de vous l'ordre qu'on me voit suivre... » n'est-il pas une invitation à l'invention, à l'imagination, bref, à l'audace ?

Allons, courage, c'est à vous maintenant. Et même si tout n'est pas au point après l'essai inaugural, rappelez-vous cette phrase d'encouragement qui sortait de vos jeux électroniques quand, dans votre enfance heureuse, vous vous désoliez d'avoir raté votre coup : « Essaie encore une fois ! »

Le combat contre les Mores

Rodrigue

« ... Sous moi donc, cette troupe s'avance,
Et porte sur le front une mâle assurance.
Nous partîmes cinq cents ; mais par un prompt renfort
Nous nous vîmes trois mille en arrivant au port,
Tant, à nous voir marcher avec un tel visage,

Les plus épouvantés reprenaient de courage !
J'en cache les deux tiers, aussitôt qu'arrivés,
Dans le fond des vaisseaux qui lors furent trouvés ;
Le reste, dont le nombre augmentait à toute heure,
Brûlant d'impatience autour de moi demeure,
Se couche contre terre et, sans faire aucun bruit,
Passe une bonne part d'une si belle nuit.
Par mon commandement, la garde en fait de même,
Et se tenant cachée, aide à mon stratagème ;
Et je feins hardiment d'avoir reçu de vous
L'ordre qu'on me voit suivre et que je donne à tous.
Cette obscure clarté qui tombe des étoiles
Enfin avec le flux nous fait voir trente voiles ;
L'onde s'enfle dessous, et d'un commun effort
Les Mores et la mer montent jusques au port.
On les laisse passer ; tout leur paraît tranquille :
Point de soldats au port, point au mur de la ville.
Notre profond silence abusant leurs esprits,
Ils n'osent plus douter de nous avoir surpris ;
Ils abordent sans peur, ils ancrent, ils descendent,
Et courent se livrer aux mains qui les attendent.
Nous nous levons alors, et tous en même temps
Poussons jusques au ciel mille cris éclatants.
Les nôtres, à ces cris, de nos vaisseaux répondent ;
Ils paraissent armés, les Mores se confondent,
L'épouvante les prend à demi descendus ;
Avant que de combattre, ils s'estiment perdus.
Ils couraient au pillage, ils rencontrent la guerre ;
Nous les pressons sur l'eau, nous les pressons sur terre,
Et nous faisons courir des ruisseaux de leur sang,
Avant qu'aucun résiste ou reprenne son rang.

Mais bientôt, malgré nous, leurs princes les rallient ;
Leur courage renaît, et leurs terreurs s'oublient :
La honte de mourir sans avoir combattu
Arrête leur désordre et leur rend leur vertu.
Contre nous de pied ferme ils tirent leurs alfanges ;
De notre sang au leur font d'horribles mélanges.
Et la terre, et le fleuve, et leur flotte, et le port,
Sont des champs de carnage, où triomphe la mort.
Ô combien d'actions, combien d'exploits célèbres
Sont demeurés sans gloire au milieu des ténèbres,
Où chacun seul témoin des grands coups qu'il donnait,
Ne pouvait discerner où le sort inclinait !
J'allais de tous côtés encourager les nôtres,
Faire avancer les uns et soutenir les autres,
Ranger ceux qui venaient, les pousser à leur tour,
Et ne l'ai pu savoir jusques au point du jour.
Mais enfin sa clarté montre notre avantage :
Le More voit sa perte et perd soudain courage ;
Et voyant un renfort qui nous vient secourir,
L'ardeur de vaincre cède à la peur de mourir.
Ils gagnent leurs vaisseaux, ils en coupent les câbles,
Poussent jusques aux cieux des cris épouvantables,
Font retraite en tumulte, et sans considérer
Si leurs rois avec eux peuvent se retirer.
Pour souffrir ce devoir leur frayeur est trop forte :
Le flux les apporta, le reflux les remporte,
Cependant que leurs rois, engagés parmi nous,
Et quelque peu des leurs, tous percés de nos coups,
Disputent vaillamment et vendent bien leur vie.
À se rendre moi-même en vain je les convie :
Le cimeterre au poing, ils ne m'écoutent pas ;

Mais voyant à leurs pieds tomber tous leurs soldats,
Et que seuls désormais en vain ils se défendent,
Ils demandent le chef: je me nomme, ils se rendent.
Je vous les envoyai tous deux en même temps;
Et le combat cessa faute de combattants.

Pierre CORNEILLE (*Le Cid*, acte IV, scène 3)

Notre conseil: *Attention: peu de temps après le début du combat, Rodrigue décrit la débandade des Mores. Ce n'est pas une raison pour en faire autant.*

20 – CONTRE LES SOUCIS

C'est le dernier tiers des impôts qui s'annonce, et vu que les deux petits derniers veulent leur autonomie fiscale, ça va banquer !

C'est votre Renault 5 qui vous a fait une montée de température, puis elle s'est arrêtée à cause d'une fuite.

C'est la machine à laver qui s'est suicidée en avalant une chaussette, volontairement, lessivée.

C'est l'essence qui vous pompe.

C'est le chef qui vous nargue, la DRH qui vous attend, à 14 heures, pour une information vous concernant. Importante ? Hélas oui !

C'est la porte qui s'ouvre sur le mauvais temps, pour toujours.

C'est la vie qui vous pille et vous torpille, vous pousse, vous bouscule, vous envoie des coups bas.

Tout cela ne nous regarde pas. Cependant, comme nous sommes au courant, et que nous aimerions vous conserver vivant, voici comment faisait Joachim du

Bellay, il y a bien longtemps, lorsque les ennuis s'accumulaient – Dieu sait s'il en avait –: il chantait.

Lisez ce qu'à Magny, son ami, il écrivait :

Sonnet 12

Vu le soin ménager dont travaillé je suis,
Vu l'importun souci qui sans fin me tourmente,
Et vu tant de regrets desquels je me lamente,
Tu t'ébahis souvent comment chanter je puis.

Je ne chante, Magny, je pleure mes ennuis,
Ou, pour le dire mieux, en pleurant je les chante,
Si bien qu'en les chantant, souvent je les enchante :
Voilà pourquoi, Magny, je chante jours et nuits.

Ainsi chante l'ouvrier en faisant son ouvrage,
Ainsi le laboureur faisant son labourage,
Ainsi le pèlerin regrettant sa maison,

Ainsi l'aventurier en songeant à sa dame,
Ainsi le marinier en tirant à la rame,
Ainsi le prisonnier maudissant sa prison.

Joachim du Bellay (*Les Regrets*, sonnet 12)

Notre conseil : *Pour la machine à laver, ce n'est pas si grave : il y a des promotions en ce moment, chez Carremouth. Très intéressantes.*

Vous avez tout lu ? Eh bien, chantez maintenant !

21 – CONTRE LA GOUTTE

« Ma mie

« J'étois hier en Vendômois, et, la faim me prenoit, dans une auberge, je m'arrêtois. Et là, qu'est-ce que je vois ? Un homme qui des vers faisoit, mais surtout des verres buvoit. Son nom, je le connois parce que l'aubergiste, du "Monseigneur" lui donnoit, et ajoutoit "Ronsard".

« Palsembleu, ma mie, qu'est-ce qu'il s'enfiloit ! Il y avoit sur la table une oie, du foie gras, du fromage aux noix, des petits pois, un gros gâteau de Savoie. Vorace il estoit ! De tout il prenoit, à peine il mâchoit !

« Dès que le serviteur, du vin lui proposoit, il respondoit "Juste un doigt !", mais de l'autre, le cul de la bouteille il levoit ! Et le verre débordoit ! "Ah ! ah ! ah !" Ronsard faisoit. Et rigolo il se croyoit, mais personne ne rigoloit, en tout cas pas moi !

« Il y avoit aussi une soubrette, gentillette et bien faite, le tétin roselet niché au bord de son corsage, comme un oiselet au meilleur de son âge.

« Eh bien, ma mie, qu'est-ce que Ronsard faisoit ? En mille je vous le donnois ! Quand près de lui elle passoit, "Mignonne !" il l'appeloit. Et lui disoit "Regarde, là, le vers que j'escrivois !" ; et pendant ce temps-là, sa cotte il retroussoit, sournois, et d'un doigt grivois, en tapinois, la chatouilloit !

« La fille honneste estoit et une calotte lui fichoit ! "Ah, ah, ah !" Ronsard encore faisoit. Puis par terre il rouloit, complètement torché il estoit !

« Moi, bien sage je me tenois, de peu me nourrissois, et, si la soubrette tout près venoit, point ne la chatouillois, seulement la regardois. Cela bien innocent estoit, et sain, boutant la joie, puisque jusque dans mon carquois, la vigueur du printemps me prenoit.

« Vous le sçavez, le mal de goutte, votre aïeule disoit, ne vient que pour ce que des excès on faisoit, de trop on mangeoit, de trop on buvoit, mais jamais, elle n'affirmoit, ma mie, que ce mal nous prendroit pour ce que trop on baisoit.

« Aussi, ma mie, j'enfourche mon palefroi, et si du tétin de soubrette je ne goûtois, sa vue tant m'excitoit qu'il feroit bon que, sans rien, sous la couette on m'attendoit. J'arrive ! Ouh là là !

« Signé : VOTRE FRANÇOIS

« P.S. Je suis sûr, ma mie, qu'un jour, Ronsard mettra en garde ses concitoyens et les générations à venir contre les excès de table. Je situe cela vers 1586, lorsqu'il écrira ses derniers vers. Et je pense même qu'en cinq strophes intitulées “Stances”, il donnera à réfléchir à tous ceux qui, ne respectant rien des lois élémentaires de la diététique, voudront bien le lire.

« Embrassez pour moi mon père aimé, Michel de Nostre-Dame. »

Cette lettre, découverte fortuitement dans des archives familiales, et qui se termine sur un ton étonnamment moderne, vous est livrée sans retouche aucune.

Voici, comme prévu, le poème annoncé, où Ronsard se désole et se reproche les excès de table à l’origine de ses atroces souffrances de goutteux.

Stances

J’ay varié ma vie en dévidant la trame
Que Clothon me filoit entre malade et sain :
Maintenant la santé se logeoit dans mon sein,
Tantost la maladie, extrême fléau de l’âme.

La goutte jà vieillard me bourrela les veines,
Les muscles et les nerfs, exécrable douleur,
Montrant en cent façons par cent diverses peines
Que l’homme n’est sinon le subject du malheur.

L’un meurt en son printemps, l’autre attend la vieillesse,
Le trespas est tout un, les accidents divers ;
Le vray trésor de l’homme est la verte jeunesse,
Le reste de nos ans ne sont que des hyvers.

Pour long temps conserver telle richesse entière,
Ne force ta nature, mais ensuy la raison,
Fuy l'amour et le vin, des vices la matière :
Grand loyer t'en demeure en la vieille saison.

La jeunesse des Dieux aux hommes n'est donnée
Pour gaspiller sa fleur : ainsi qu'on voit fanir
La rose par le chauld, ainsi, mal gouvernée,
La jeunesse s'enfuit sans jamais revenir.

Pierre de Ronsard

Notre conseil : *Décryptez, si vous le pouvez, ce quatrain inédit de Nostradamus :*
« En l'an du siècle commençant,
Qui lit pages Cherche Midi,
Jamais de goutte ne souffrant,
Escrira à l'auteur : Merci. »

22 – CONTRE LA DÉPRIME

Envie de prendre l'air ? Envie de fuir ? Nausée dans le petit jour dès que se redessine au tournant de la rue la silhouette du collègue ensachée dans l'imper que vous lui connaissez depuis... combien d'années ?

Fatigue lourde qui tombe comme un plomb dans l'âme dès qu'apparaît la mine chafouine de chacun, à peine séparée des contours duveteux d'un mauvais sommeil, les paupières battant comme des volets mal accrochés.

L'une a beurré de rouge ses lèvres que personne n'embrasse, et la criarde couleur profère : « Regardez bien, c'est là qu'est sa misère ! »

L'autre se laisse aller, exhale des odeurs, à perdre haleine, poils de chat, pellicules sur sa veste de laine.

Un troisième se tient raide contre le mur, les poings serrés, les bras contraints, retenant par efforts surhumains, quelque atroce névrose chopée il ne sait où, dans quel passé lointain, et toujours là, fidèle, dès le matin.

Une autre encore dévide sur une voix pointue et qui blesse l'oreille, et torture les mots, dévide l'hystérie qui tourne dans sa tête, comme un vieux manège, avec les grands yeux de bois bleu de chevaux inquiétants.

C'est l'antichambre de l'asile. Ils sont tous là, ces demi-fous du quotidien à qui tout à l'heure, près de la machine à café, vous sourirez, vous parlerez, vous demandant, hanté, si ce n'est pas vous finalement, celle du rouge trop brillant, ou celui des relents, ou l'autre qui se cabre, les chevaux affolants.

Alors vous vous dites c'est assez, je veux vivre. Supporter tous ceux-là n'est pas mis dans mon livre. Je m'enfuis, je suis libre. Mais au fait, me voilà dans la rue, je tourne à gauche, à droite, j'arrive sur la Grande Place.

Déjà, je me sens mieux, la fatigue s'efface. Mais que faire. Qui avant moi abandonna ainsi sa tâche, et ses soucis ? Et quel est mon programme aujourd'hui ?

« D'autres avant vous l'ont fait, ne craignez rien. Vous avez eu raison ! » vous affirme, complice, le libraire. Dans sa boutique, qui borde la Grande Place, vous avez demandé de l'aide. « Tenez, quelqu'un de grand s'en fut pendant trois ans, faisant la nique à tous ceux qui le commandaient. Ce fut le meilleur de son temps : la bamboche, les filles... »

Et il vous tend *Premières poésies*, d'Alfred de Musset.

À Julie

On me demande, par les rues,
Pourquoi je vais bayant aux grues,
Fumant mon cigare au soleil,
À quoi se passe ma jeunesse,
Et depuis trois ans de paresse
Ce qu'ont fait mes nuits sans sommeil.

Donne-moi tes lèvres, Julie ;
Les folles nuits qui t'ont pâlie
Ont séché leur corail luisant.
Parfume-les de ton haleine ;
Donne-les-moi, mon Africaine,
Tes belles lèvres de pur-sang.

Mon imprimeur crie à tue-tête
Que sa machine est toujours prête,
Et que la mienne n'en peut mais.
D'honnêtes gens, qu'un club admire,
N'ont pas dédaigné de prédire
Que je n'en reviendrais jamais.

Julie, as-tu du vin d'Espagne ?
Hier, nous battions la campagne ;
Va donc voir s'il en reste encor.
Ta bouche est brûlante, Julie ;
Inventons donc quelque folie
Qui nous perde l'âme et le corps.

On dit que ma gourme me rentre,
Que je n'ai plus rien dans le ventre,
Que je suis vide à faire peur ;
Je crois, si j'en valais la peine,
Qu'on m'enverrait à Sainte-Hélène,
Avec un cancer dans le cœur.

Allons, Julie, il faut t'attendre
À me voir quelque jour en cendre,
Comme Hercule sur son rocher.
Puisque c'est par toi que j'expire,
Ouvre ta robe Déjanire,
Que je monte sur mon bûcher.

Alfred DE MUSSET

Notre conseil : *Vous êtes celle du rouge trop brillant, et vous ne le saviez pas ? Désormais, faites-vous appeler Julie, Alfred ne devrait pas tarder...*

23 – CONTRE LA GRIPPE

Cela commence par des frissons qui plantent finement en votre épine dorsale, leurs hameçons. Par mille points précis, quelque part on vous ferre, on vous pêche, et vous voilà au lit.

Vient-on vous voir ? Fort peu car vous êtes contagieux. Quelque bouillon, quelque potion sont déposés du bout des doigts par qui vous serrait, vous pressait, vous gardait contre soi la nuit entière : « Reste, reste, ne bouge pas, j'ai froid ! J'ai besoin de toi. »

Mais alors ! La beauté qui s'apeure ne vous avait donc pris que pour un radiateur ? Vous voilà surpris. Cette femme, amante et presque mère, parfaite tant que vous fûtes à ses genoux, vous voyant allongé et sans force, laisse passer un inquiétant dégoût.

Pourtant, la fièvre est là, qui siège pour trois jours. Vos bras, vos jambes, vos orteils, vos doigts, et tout ce qui bouge, sans commande parfois, est devenu flanelle.

Votre front est pâle, et les moiteurs qui l'ont envahi

auraient besoin d'être rafraîchies. Vous avez l'impression que votre cœur devient transparent.

Profitez alors d'un pic de fièvre pour simuler un délire. Vous aurez, dès le début de l'automne, au lieu de vous faire vacciner, appris par cœur le poème de Verlaine « Mon rêve familier », efficace pour toute affection.

Récitez-le bien fort. Normalement, la porte devrait s'ouvrir sans bruit sur une forme hésitante, bouleversée, légèrement piquée de jalousie, qui viendra s'asseoir sur le bord du lit, pleurant tout doucement, en rafraîchissant les moiteurs de votre front blême, ce qui est essentiel.

Vous l'entendrez alors vous dire : « Mais, cette femme, c'est moi, tu ne me reconnais pas ? » Différez votre réponse afin que, pour longtemps, le doute plane. Il est parfois si bon d'avoir été malade.

Mon rêve familier

Je fais souvent ce rêve étrange et pénétrant
D'une femme inconnue, et que j'aime, et qui m'aime,
Et qui n'est, chaque fois, ni tout à fait la même
Ni tout à fait une autre, et m'aime et me comprend.

Car elle me comprend, et mon cœur, transparent
Pour elle seule, hélas ! cesse d'être un problème
Pour elle seule, et les moiteurs de mon front blême,
Elle seule les sait rafraîchir, en pleurant.

Est-elle brune, blonde ou rousse ? – Je l'ignore.
Son nom ? Je me souviens qu'il est doux et sonore
Comme ceux des aimés que la Vie exila.

Son regard est pareil au regard des statues,
Et, pour sa voix, lointaine, et calme, et grave, elle a
L'inflexion des voix chères qui se sont tues.

Paul VERLAINE

> ***Notre conseil :*** *Vérifiez quand même discrètement qui vient d'entrer lorsque vous récitez « Mon rêve familier », l'infirmière rôde dans les parages.*

24 – CONTRE LE BÉGAIEMENT

La conversation du bègue est très pittoresque : il vous détache les syllabes, et plusieurs fois, de sorte qu'apparaissent des images incongrues qui, se mêlant à son discours, en annulent les courageuses tentatives.

Si vous devez en fréquenter un et que vous craignez, en sa compagnie, de vivre l'ennui au quotidien, sachez orienter la conversation vers des thèmes porteurs, c'est-à-dire ceux dont la première syllabe, redoublée à l'infini, inaugure gaillardement le propos.

Ainsi en est-il des vrais problèmes de morale ou de société que sont la « concupiscence », le « concubinage », la « concussion », la « quête » sur la voie publique ; parlez aussi jardinage, les « cucurbitacées » représentant une perspective de mitraillage qui va potironner à donf !

Vous avez compris le principe, vous vous dites qu'il est consternant, mais vous êtes impatient de le tester. Tiens, justement, en voilà un qui vient de terminer quelque recherche, et à qui vous demandez : « Votre quête fut-elle heureuse ? » N'est-ce pas que c'est rigolo !

Bon, d'accord, c'est sot ! Mais si vous le jugez ainsi, c'est que vous en souffrez, ou bien qu'en est atteint quelqu'un qui vous est cher. Alors pour vous, pour vous seulement, voilà un petit « Baudelaire » charmant qu'on appelle « Pantoum ».

Le pantoum – « pan-pan tou-toum » si vous voulez – est un genre poétique malais dont la particularité est la répétition dans la deuxième strophe de deux vers de la première, et puis dans la troisième, de deux vers de la deuxième, et ainsi de suite.

Vous l'avez compris, il s'agit de vous amener à la lecture esthétique – et non plus pathologique – du texte ; ainsi, ayant acquis l'habitude de répétitions égalant ou dépassant l'alexandrin, vous vous fondrez aisément dans la masse des individus ordinaires qui, sans s'en rendre compte, vous bassinent sans cesse en répétant cent fois la même chose.

Harmonie du soir

Voici venir les temps où vibrant sur sa tige
Chaque fleur s'évapore ainsi qu'un encensoir ;
Les sons et les parfums tournent dans l'air du soir ;
Valse mélancolique et langoureux vertige !

Chaque fleur s'évapore ainsi qu'un encensoir ;
Le violon frémit comme un cœur qu'on afflige ;
Valse mélancolique et langoureux vertige !
Le ciel est triste et beau comme un grand reposoir.

Le violon frémit comme un cœur qu'on afflige,
Un cœur tendre, qui hait le néant vaste et noir !
Le ciel est triste et beau comme un grand reposoir ;
Le soleil s'est noyé dans son sang qui se fige.

Un cœur tendre, qui hait le néant vaste et noir,
Du passé lumineux recueille tout vestige !
Le soleil s'est noyé dans son sang qui se fige...
Ton souvenir en moi luit comme un ostensoir !

Charles BAUDELAIRE

Notre conseil : *« Oui, ma quéquette fut heureuse ! » est une réponse tout à fait pertinente dans un contexte donné, et n'est pas forcément l'indice d'un bégaiement rédhibitoire.*

25 – CONTRE LES COLIQUES NÉPHRÉTIQUES

Faire des misères à l'Irlande, décapiter un roi, interdire les tripots, les jeux, la douceur des rencontres dans le hasard des bois.

Grogner, toujours grogner, du matin jusqu'au soir, emprunter aux nuages les plus noirs la menace lugubre de l'incessant orage. Marcher en protestant contre tout ce qui bouge.

On ne sait où s'installe le grain. D'abord dans la tête, ou bien dans les reins ? Peut-être en même temps dans l'un et l'autre endroit.

L'avez-vous reconnu ? C'est Olivier Cromwell. En Angleterre, dans le rayon « Histoire », il est catalogué entre « pisse-vinaigre » et « pisse-froid ».

Tout cela parce que, dans son organisme, le métabolisme de l'oxalate et du calcium ne s'effectuant pas comme il faut, un calcul (de « calculus » en latin : petit caillou) s'installa dans ses reins, le fit souffrir au point que, métaphoriquement, il en eut bientôt un dans la cervelle.

Que ne naquit-il en Irlande ! Vingt ou trente chopes par jour eussent poussé vers la sortie tous les mauvais calculs qui se formaient en lui.

Accoudé dans les bars de Cork ou de Dublin, de Galway, Donegal, et même de Drogheda, il eût chanté dès le matin, fait des vers, raconté des histoires, et fait rire, à se taper le derrière, le parlement croupion.

Au lieu des trois ou quatre sonnets qu'on lui connaît, il se fût fendu d'une œuvre poétique originale, serait devenu une sorte de roi Arthur, comme Rimbaud deux siècles plus tard qui livra dans un poème (il était bien temps !), la recette providentielle, sous forme d'oraison, afin de n'être pas comme Cromwell, tous les jours grognon.

Oraison du soir

Je vis assis, tel qu'un ange aux mains d'un barbier,
Empoignant une chope à fortes cannelures,
L'hypogastre et le col cambrés, une Gambier
Aux dents, sous l'air gonflé d'impalpables voilures.

Tels que les excréments chauds d'un vieux colombier,
Mille Rêves en moi font de douces brûlures :
Puis par instants mon cœur triste est comme un aubier
Qu'ensanglante l'or jeune et sombre des coulures.

Puis, quand j'ai ravalé mes rêves avec soin,
Je me tourne, ayant bu trente ou quarante chopes,
Et me recueille, pour lâcher l'âcre besoin :

Doux comme le Seigneur du cèdre et des hysopes,
Je pisse vers les cieux bruns, très haut et très loin,
Avec l'assentiment des grands héliotropes.

Arthur RIMBAUD

Notre conseil : *Pour que le traitement soit plus gai, à défaut d'être efficace, vous pouvez installer au terme du trajet effectué par l'âcre besoin, un violon.*

26 – CONTRE LA FATIGUE DES VOYAGES

Vous avez fait un long voyage alors forcément, vous êtes moulu, vous avez mal.

Vous avez mal au dos, vous avez mal aux reins, vous avez mal au ventre. Vous avez mal aux genoux, aux cuisses. Et vous ressentez à l'aine des douleurs lancinantes. Vos hanches vous tirent de las soupirs, et votre ceinture, de pire en pire, vous blesse, vous avez mal aux fesses.

Votre nuque, vos épaules, votre cou, tout s'affaisse, mollement tiraillé de sournoises pinçures. Il n'est jusqu'à vos doigts qui ressentent de l'épuisement la férule ; vous avez mal aux cuticules.

Quel remède ? Votre partenaire est là ? Bien. Appelez-le (ou « la »). Étendez-vous et lisez-lui « La caresse » de Paul Valéry. Il ou elle conviendra qu'il n'est là rien de bien difficile à mettre en œuvre.

Et il ou elle commence par des caresses au dos, et puis aux reins, au ventre, à l'aine, etc.

Vous verrez, ça détend, c'est drôlement bien. Il ou elle finira par la caresse aux cuticules. C'est tout menu, tout fin, du bout des doigts, c'est comme une harpiste qui mimerait le jeu pendant que solitaire le chant s'étire en tyrolien, ou bien se tait, dans le silence soudain.

C'est doux, la caresse, et ça soigne de tout. Et la rime à « caresse » en dit assez le charme : c'est « finesse », « adresse », c'est « paresse », c'est « ivresse »...

Alors, n'oubliez pas : votre ceinture, de pire en pire vous blesse ? Vous avez mal aux fesses ?

Vite, pour vous mettre en appétit, les trois quatrains de Valéry.

La caresse

Mes chaudes mains, baigne-les
Dans les tiennes... Rien ne calme
Comme d'amour ondulés
Les passages d'une palme.

Tout familiers qu'ils me sont,
Tes anneaux à longues pierres
Se fondent dans le frisson
Qui fait clore les paupières

Et le mal s'étale, tant,
Comme une dalle est polie,
Une caresse l'étend
Jusqu'à la mélancolie.

Paul Valéry

Notre conseil : *Si vous sentez qu'on vous dorlote avec maladresse, qu'on accommode « caresse » avec « vitesse », avec « rudesse », ou bien avec « prouesse », changez de gonzesse.*

27 – CONTRE LES RISQUES DE LA MÉNOPAUSE

Il est grand, il est blond, il est beau, il sent bon le sable chaud, il a l'allure terrible et débonnaire d'un légionnaire. Et son regard vous a figée. Il surgit de l'éternité. Lui, ô lui, vous succombez.

Des rêves brûlants vous emportent. Il franchit votre porte, vous êtes seuls. Dans ses deux mains tendues, un bouquet de glaïeuls. « Vous... vous prendrez bien un tilleul ? »

Il n'a pas répondu. Déjà, il vous emporte dans ses bras, vous allonge sur le sofa « ... ou bien un thé, vous prendrez bien un thé, il m'en reste, dans mon buffet... » Mais il vous prend, sans autre complément d'objet.

Las ! Dans un miroir, vous vous regardez : les ans déjà nombreux relâchent les amarres de tout ce qui solidement, au temps du plus bel âge, attendait près du quai, gonflé d'espoir, plein de jeunesse, pour des pêches hauturières, des azurs triomphaux.

Mais les appas tout seuls commencent leur dérive. Leur

entretien est assuré depuis dix, vingt années par cet homme adipeux, sans cheveux, qui jamais ne sourit, ou si peu. Cet homme qui est votre mari.

Et l'amant, ah, l'amant, jamais il n'est venu. Et là, tout d'un coup, vous l'avez reconnu.

Il est grand, il est beau, mais pourrait-il m'aimer alors que jeune et vive, une pucelle le harcèle, qu'il n'a d'yeux que pour elle. Mon Dieu...

Et soudain, oui, vous vous rappelez. C'était au lycée. Votre professeur de français – une femme ? un homme ? votre mémoire hésite, cela n'a rien qui surprend, tant, dans cette confrérie, l'individu souvent se compose de la voix de l'un et du corps de l'autre – prenait son pied, les bras en corolle fanée, en récitant Racine.

C'était l'histoire de Phèdre, la fille de Minos et de Pasiphaé. Elle tombait amoureuse de son jeune beau-fils, Hippolyte dont le père, Thésée, était parti en déplacement. Mais Hippolyte aimait Aricie, une belle princesse pleurnichant juste assez pour l'exciter.

La suite ? Vous ne savez plus. Mais vous avez reconnu en vous la Phèdre de l'histoire. Et il vous revient en mémoire ce que vous a dit votre gynécologue : « Voici venu le temps de votre ménopause : bouffées de chaleur, palpitations, bien d'autres choses vous attendent. Ne vous inquiétez pas. Depuis la nuit des temps, avant qu'elle se repose, la femme est secouée de mille et un tourments. »

Vous avez bien fait de choisir une gynéco qui a des lettres, et qui glisse dans son discours quelques alexandrins. On se dit tout content qu'on en a un peu plus pour son argent.

« Je pourrais vous donner quelque décoction, quelque

julep, un collutoire, ou des suppositoires. Rien n'y fera. Attendez et le temps remettra tout au pas. »

Bon. Que reste-t-il sinon le recours au poème ? Cet extrait de Phèdre ne vous guérira pas, mais vous laissera la réconfortante certitude que bien d'autres que vous, sur le versant de l'âge, regarderont longtemps, sans espoir, ces grands blonds aux yeux bleus qui passent dans les rêves, par légions, le pas sûr, le bras fort, le regard débonnaire.

Phèdre (à Œnone)

Mon mal vient de plus loin. À peine au fils d'Égée
Sous les lois de l'hymen je m'étais engagée,
Mon repos, mon bonheur semblait être affermi,
Athènes me montra mon superbe ennemi.
Je le vis, je rougis, je pâlis à sa vue ;
Un trouble s'éleva dans mon âme éperdue ;
Mes yeux ne voyaient plus, je ne pouvais parler ;
Je sentis tout mon corps et transir et brûler ;
Je reconnus Vénus et ses feux redoutables,
D'un sang qu'elle poursuit tourments inévitables.
Par des vœux assidus, je crus les détourner :
Je lui bâtis un temple et pris soin de l'orner ;
De victimes moi-même à toute heure entourée,
Je cherchais dans leurs flancs ma raison égarée.
D'un incurable amour remèdes impuissants !
En vain sur les autels, ma main brûlait l'encens :
Quand ma bouche implorait le nom de la déesse,
J'adorais Hippolyte ; et le voyant sans cesse,

Même au pied des autels que je faisais fumer,
J'offrais tout à ce dieu que je n'osais nommer.
Je l'évitais partout. Ô comble de misère !
Mes yeux le retrouvaient dans les traits de son père.
Contre moi-même enfin, j'osai me révolter :
J'excitai mon courage à le persécuter.
Pour bannir l'ennemi dont j'étais idolâtre,
J'affectai les chagrins d'une injuste marâtre ;
Je pressai son exil, et mes cris éternels
L'arrachèrent du sein et des bras paternels.
Je respirai, Œnone ; et depuis son absence,
Mes jours moins agités coulaient dans l'innocence,
Soumise à mon époux et cachant mes ennuis,
De son fatal hymen, je cultivais les fruits.
Vaines précautions ! Cruelle destinée !
Par mon époux lui-même à Trézène amenée,
J'ai revu l'ennemi que j'avais éloigné :
Ma blessure trop vive aussitôt a saigné.
Ce n'est plus une ardeur dans mes veines cachée :
C'est Vénus tout entière à sa proie attachée.

Jean RACINE (*Phèdre*, acte I, scène 3)

Notre conseil : *Très bonne, l'idée du tilleul. Si le légionnaire revient, tenez-en au chaud quelques tasses. Ça calme et ça fait dormir.*

28 – CONTRE LA MÉLANCOLIE

Un rivage, une plage, et l'automne qui passe, qui court vers l'horizon et s'y couche en boule rouge. Plus personne. Les derniers voyageurs, les Harley Davidson, les berlines, les trains, tout a sombré dans le reflux ; de quel matin ?

Fouler le sable seul, chaque pas malhabile confine à l'immobile. Des femmes aux yeux rêveurs, tournés toujours vers le lointain des terres ont laissé là bien des mystères. Et parmi elles celle qui a promis « Je reviendrai », mais dont le cœur pensa « Jamais ! »

Mélancolie. Vous parcourez les champs, le lendemain, un bâton à la main. La terre labourée a des odeurs de menthe. Et le ciel diminue. Un renard se lamente, très loin dans la forêt. Mélancolie.

L'orée comme une épaule dormeuse ruisselle de lichens, de mousses bleues et de hautes fougères. Savez-vous bien que, quelques pas encore, et vous fondez dans le décor. Le bercement près des allées ressemble tant à la pensée !

Un autre jour – mais quand était-ce ? – elle arriva ; et la

brume épaissie s'empara de son pas. Pourquoi n'avouez-vous pas que vous cherchez encore ? Votre petit manège, le renard pris au piège, serait-ce la folie ? Mélancolie.

Rentrez, vite, il est temps. Mettez dans vos bagages les souvenirs de plages, les allées des forêts, et l'orée tourmentée de vos rêves. Et laissez tout cela sur le quai. Partez. Bientôt ce n'est plus qu'un point, là-bas, tout petit, la mélancolie.

Vous allez à Paris. Ou dans une autre ville. Mais Paris, ce sera mieux, Marot vous y attend. Voyager jusqu'à lui vous délivre du temps. « Bonjour, monsieur Clément, que viens-je faire ici ? » « Dedans Paris, ville jolie... ». Et voilà qu'il vous conte l'alliance nouvelle qu'il fit avec sa grande Amie.

À vous maintenant ! Les longues rues peuplées n'ont-elles pas l'allure de salles où se donne un grand bal ? Et dans le cœur content de chaque passant, n'entendez-vous pas un petit air de musique qui s'est installé dès le matin, un refrain obstiné qui parle de bonheur ?

« Mademoiselle, vous chantiez ! Vous avez dans la tête cet air qu'à tue-tête je me répète. Si nous marchions un peu, si nous passions le pont, à l'unisson... »

Elle vous a souri. C'est gagné. Foin de mélancolie, elle n'est pas belle, la vie ?

De sa grande Amye

Dedans Paris, ville jolie,
Un jour passant mélancolie,
Je pris alliance nouvelle
À la plus gaye Demoyselle
Qui soit d'icy en Italie.

D'honnesteté elle est saisie,
Et croy (selon ma fantaisie)
Qu'il n'en est gueres de plus belle
Dedans Paris.

Je ne la vous nommeray mye,
Sinon que c'est ma grande Amye,
Car l'alliance se fit telle,
Par un doulx baiser que j'eus d'elle
Sans penser aulcune infamie,
Dedans Paris.

Clément MAROT

Notre conseil : *À cause du plan vigie-pirate, votre bagage a été dynamité sur le quai de la gare. Les souvenirs de plage et les allées de forêt qu'on y a trouvés sont fortement endommagés. En revanche, l'orée tourmentée de vos rêves s'est évanouie dans la nature. Vous serez bien aimable de nous prévenir si vous l'avez récupérée.*

29 – CONTRE LA TIMIDITÉ

Belle, partout. Son sourire, ses yeux, et puis ses longs doigts fins, son pas comme un refrain, sa jambe longue et douce.

Toujours le même geste nonchalant et précis épouse l'indécis de sa tête penchée, c'est comme une pensée que les mots effarouchent, et que vous comprenez.

Tout vous plaît. Ce qu'elle dit, ce qu'elle fait. Son avis sur le temps, son visage défait quelquefois le matin, son goût immodéré pour le thé au jasmin, ses yeux de biche inquiète et leur bleu de printemps, son popotin, et toute sa personne.

Se penche-t-elle sur vous au point que ce qui d'elle vous frôle l'épaule n'est rien moins que son sein ? Alerte ! Au feu ! En vous, partout, on sonne le tocsin !

Que faire, le lui dire ? Impossible, vous faites partie de ces êtres étranges qui se tortillent et s'entortillent autour d'une phrase toute flasque et molle, tombée de leurs lèvres comme une liane, dès qu'ils parlent aux femmes.

Ils dégringolent, s'accrochent aux syllabes, sombrent dans le silence, les yeux baissés, immobiles, reculent. Ridicules.

Les timides. Ils ont le cœur comme un bolide dès qu'approchent celles qui portent sur leurs cils des bouquets d'étincelles et cherchent l'incendie.

Ils fuient dès qu'ils les voient et courent très longtemps, pendant vingt ou trente ans. Et puis un jour, à court d'amour, ils se reposent, ils osent. Ils tentent une sortie. Une décatie aux paupières branlantes, à la voix chevrotante leur dit : « Oh, oui ! »

Timides ! Écoutez ! Si aujourd'hui vous ne faites un pas, vous en arriverez là. Que faire ? dites-vous. C'est trop peu de leur dire « Je t'aime », c'est trop court, et Roxane, à Christian, pour n'avoir entendu que cela, lança « Allez-vous-en ! » Qu'eût-il fallu qu'il dît ?

Il est vrai que « Je t'aime », ce n'est pas grand-chose si rien ne l'accompagne. C'est comme Napoléon tout seul en campagne, sans la Grande Armée, c'est comme Charlemagne sans les preux chevaliers, comme Élisabeth II sans sa tasse de thé, comme une assiette anglaise sans mayonnaise, comme Lagarde sans Michard, Rome sans Jules César ou le Grand Blond sans Pierre Richard, ou Donrémy sans sa pucelle, comme un avion sans ailes. En voilà-t-il assez ?

Qu'eût-il fallu qu'il dît. Que faudrait-il écrire si rien ne vous inspire, si vous doutez de tout. Eh bien, lisez Cadou. Apprenez-le, récitez-le à celle qui vous attend.

Vous verrez, ça marche à tous les coups, mais dites bien que ce n'est pas de vous. Sinon, nous la préviendrons par lettre que vous êtes un petit malhonnête. Et vous aurez l'air fin ! Plus de thé au jasmin, plus de popotin, plus rien !

Allez, commencez à apprendre ; dans le ton, soyez tendre et donnez à la phrase la cadence d'une danse, avec des mots qui s'enlacent, en valse. C'est tout bête, et ça lui tournera la tête.

Les paroles de l'amour

Toute ma vie et c'est bien peu si l'on regarde
Avec des yeux d'avant la Terre la lucarne
Où s'égosille un ciel de crin qui n'en peut plus
D'être beau de travers et de porter ombrage
Au plus dévoué au plus sincère des visages
Toute ma vie pour te comprendre et pour t'aimer
Comme on se couche à la renverse dans les blés
En essayant de retrouver dans le silence
L'alphabet maladroit d'un vieux livre d'enfance
Je m'entoure de toi comme un enfant frileux
Je pars je suis en route depuis des siècles je
T'arrive un matin beau comme un matin de chasse
Tu ne sais pas que je suis là et je me place
Tout contre toi comme une porte mal fermée
Qui boit son lait et qui respire doucement
Je te regarde et tu souris sans mouvement
D'un sourire venu de plus loin que toi-même
Qui fait que tu es belle et qui fait que je t'aime.

René Guy Cadou

Notre conseil : *Si, malgré votre bonne volonté et vos efforts pour retenir le poème par cœur, des processus d'urgence s'enclenchent conduisant à l'affolement général, suivi d'une fuite l'un vers l'autre, corps à corps, éperdue, forcément sans issue, nous vous conseillons de limiter la récitation au sixième vers et aux trois derniers mots que vous avez toute liberté de décliner sur tous les tons, du susurrement au rugissement, grand fou !*

30 – CONTRE LES OCULOPATHIES

Depuis qu'au XVIIe siècle le philosophe Spinoza, à Amsterdam, polissait des lentilles en chantant « Youp là li, qu'elle est chouette la vie ! », et qu'en même temps il écrivait son système épatant qui dessille les yeux et donne, en quelque sorte, des lunettes à l'âme, tout a bien changé.

En effet, on ne se rend plus aujourd'hui chez le polisseur de lentilles, mais chez l'ophtalmologiste. Ce terme a remplacé voilà quelques décennies celui d'« oculiste » car de regrettables erreurs d'aiguillage se produisaient régulièrement : de braves gens allant consulter s'entendaient répondre par l'homme de l'art : « Non, moi, ce sont les yeux que je soigne ! »

Dernière évolution : l'apocope, cette varlope à mots qui réduit en copeaux une ou deux syllabes finales, a donné « ophtalmo ».

On va donc comme d'hab, entre le ciné et la séance chez le kiné, voir l'ophtalmo, un as en philo qui pendant la consult vous parle de son fils à Poly, de ses profs, de ses exos, de ses disserts, et de sa fille qui fait pharma, et puis il dit que la télé, c'est la cata, que le métro, c'est pas terro, et enfin, il vous trouve une dyschro (voir « Contre le daltonisme »). Sensass !

Cet ophtalmo est bien sympa, mais il eût pu se tenir au courant d'un moyen très récent utilisé comme adjuvant aux soins classiques : il s'agit du poème de Louis Aragon « Les yeux d'Elsa » qui est à l'ophtalmologie ce que le sirop typhon fut à Richard Anthony.

En effet, chacune des dix strophes de ce poème semble avoir été conçue pour permettre au spécialiste d'éviter à son patient le traumatisme d'un diagnostic abrupt. L'annonce d'une oculopathie s'accompagne désormais d'une préparation poétique.

Ainsi, afin de révéler que l'œil est trop grand pour loger les courtes vues du patient, et qu'il y a myopie, le spécialiste dispose de la première strophe qu'il peut chantonner innocemment sur un air de Jean Ferrat :

« Tes yeux sont si profonds qu'en me penchant pour boire
J'ai vu tous les soleils y venir se mirer
S'y jeter à mourir tous les désespérés
Tes yeux sont si profonds que j'y perds la mémoire »

Attention, si le patient est une patiente, il faut être très prudent car elle aura tôt fait de se bâtir un roman autour de ces quelques vers d'Aragon, récités par un homme, et qui lui parlent de ses yeux.

Il est préférable alors de les lui dire avec une grosse voix méchante et menaçante, afin d'annuler les effets pervers du romantisme, tout en maintenant l'intention informative.

Parfois, un vers peut suffire : « Le jour est plus poignant qui point entre les pleurs » servira pour une conjonctivite.

Parfois deux vers seront nécessaires : « L'enfant accaparé par les belles images / Écarquille les siens moins démesurément » pour une presbytie.

Vous êtes ophtalmo ? Vous avez compris le procédé ? Il vous reste à imaginer comment vous allez accommoder les strophes restantes.

Par exemple, pour un client régulier qui se fait faire de coûteuses opérations à l'œil, vous clamerez : « Tes yeux sont mon Pérou ma Golconde mes Indes. »

Mais si votre clientèle refuse cette thérapie nouvelle, et juge que c'est une idiotie d'ajouter au verre en myopie, le vers en poésie, si on a dit qu'en vous la folie planait, si on a déserté votre cabinet, si vous êtes tout seul, avec vos yeux pour pleurer, consolez-les par la beauté.

Lisez, relisez tout le poème bien sûr ; mais lentement dites la dernière strophe. Elle fait partie de ces lignes qui parfois donnent l'espoir de guérir un jour de la laideur du monde.

Les yeux d'Elsa

Tes yeux sont si profonds qu'en me penchant pour boire
J'ai vu tous les soleils y venir se mirer
S'y jeter à mourir tous les désespérés
Tes yeux sont si profonds que j'y perds la mémoire

À l'ombre des oiseaux c'est l'océan troublé
Puis le beau temps soudain se lève et tes yeux changent
L'été taille la nue au tablier des anges
Le ciel n'est jamais bleu comme il l'est sur les blés

Les vents chassent en vain les chagrins de l'azur
Tes yeux plus clairs que lui lorsqu'une larme y luit
Tes yeux rendent jaloux le ciel d'après la pluie
Le verre n'est jamais si bleu qu'à sa brisure

Mère des Sept douleurs ô lumière mouillée
Sept glaives ont percé le prisme des couleurs
Le jour est plus poignant qui point entre les pleurs
L'iris troué de noir plus bleu d'être endeuillé

Tes yeux dans le malheur ouvrent la double brèche
Par où se reproduit le miracle des Rois
Lorsque le cœur battant ils virent tous les trois
Le manteau de Marie accroché dans la crèche

Une boucle suffit au mois de mai des mots
Pour toutes les chansons et pour tous les hélas
Trop peu d'un firmament pour des millions d'astres
Il leur fallait tes yeux et leurs secrets gémeaux

L'enfant accaparé par les belles images
Écarquille les siens moins démesurément
Quand tu fais les grands yeux je ne sais si tu mens
On dirait que l'averse ouvre les fleurs sauvages

Cachent-ils des éclairs dans cette lavande où
Des insectes défont leurs amours violentes
Je suis pris au filet des étoiles filantes
Comme un marin qui meurt en mer en plein mois d'août

J'ai retiré ce radium de la pechblende
Et j'ai brûlé mes doigts à ce feu défendu
Ô paradis cent fois retrouvé reperdu
Tes yeux sont mon Pérou ma Golconde mes Indes

Il advint qu'un beau soir l'univers se brisa
Sur des récifs que les naufrageurs enflammèrent
Moi je voyais briller au-dessus de la mer
Les yeux d'Elsa les yeux d'Elsa les yeux d'Elsa

Louis ARAGON

Notre conseil : *Pour la santé de vos yeux, méfiez-vous des coups de ronces, évitez d'être touché par une brique, sinon, votre cas est bien vilain !*

31 – CONTRE LA CRISE DE FOIE

Ah ! Le chocolat ! Drogue noire en plaquettes luisantes, enfant de la cabosse et du cacaoyer, diamant d'ébène ! En ta forme éphémère au bout des doigts fondante, l'élégante, pour te porter à ses lèvres, ploie son gracile col ; et le beau chapeau blanc qui retient ses cheveux dégage alors ses yeux, grands gourmands qui vous voient, et vous prenez pour vous ce regard dévoreur, et la pulpe des lèvres a des reflets de rose. Et tout cela fait penser à des choses...

Le chocolat. Verlaine, pour les coquillages, de tel ou tel parla : celui-ci était pourpre, et cet autre plus pâle. Un autre contrefaisait la grâce de l'oreille à qui il destinait ses tercets nonpareils. Et celui-là encore imitait la nuque « courte et grasse » de la jeune fille sans doute un peu boulotte que, dans une grotte, il aima.

« Mais un, entre autres, me troubla », c'est la fin du poème. Y aurait-il trouvé un goût de chocolat ? On ne saura jamais.

En tout cas, dès que l'on veut pour soi garder le précieux bien, on prévient les enfants : « Trop de chocolat, c'est la crise de foie ! » Et on se cache dans le secret de ses bras repliés, la tête en à-coups furtifs guettant par-dessus l'épaule, comme un chien malappris qui déguste son vol.

Autour du chocolat, il y a des agapes en tout genre : on boit de capiteux breuvages, on se gave de tout. Le lendemain, le foie se plaint. Et l'on se ment à soi en lui disant, à lui qui n'en croit rien : « J'ai mangé trop de chocolat ! » Pourquoi donc ce mensonge ? Et c'est bien fait pour vous s'il vous torture ainsi !

Vous attendez, n'est-ce pas, un remède, un poème pour sortir du souci, pour qu'en votre côté vienne l'ataraxie (encore chercher dans le dictionnaire, c'est fatigant ! Bon, d'accord ! « Ataraxie » signifie, étymologiquement « absence de troubles ». Vous êtes content ?).

Eh bien voilà : Jules Supervielle, le seigneur des pampas, eut un jour mal au foie, et vous savez quoi ? il lui parla ! On ne croirait pas, et pourtant si ! Un homme si... Eh bien non, il n'y a pas qu'à l'âme que les poètes ont mal : si leurs abats les titillent et s'ils en dégobillent, ils les tancent alors en langage trivial.

Excité tout à l'heure d'un désir curieux, vous avez souhaité lire le poème de Verlaine, mais c'est tellement bien rangé chez vous que vous ne le retrouvez pas. Eh bien, le voilà, avant celui où Supervielle s'adresse à son foie.

Les coquillages

Chaque coquillage incrusté
Dans la grotte où nous nous aimâmes
A sa particularité.

L'un a la pourpre de nos âmes
Dérobée au sang de nos cœurs
Quand je brûle et que tu t'enflammes ;

Cet autre affecte tes langueurs
Et tes pâleurs alors que, lasse,
Tu m'en veux de mes yeux moqueurs ;

Celui-ci contrefait la grâce
De ton oreille, et celui-là
Ta nuque rose, courte et grasse ;

Mais un, entre autres, me troubla.

Paul Verlaine

À mon foie

Je ne sais pas à quoi tu penses,
Dis-moi ce que tu manigances,
Nous avons vécu jusqu'ici
Sans nous transmettre nos soucis
Nous deux qui jamais ne nous vîmes,
L'un pour l'autre des anonymes.
Pourquoi soudain tu m'indisposes ?
T'ai-je froissé en quelque chose ?
Exprime-toi donc sans douleur,
Je comprends bien mieux la douceur.

Jules Supervielle

Notre conseil : *Vous pouvez ainsi parler à tous les organes qui sont à la portée de votre regard : votre estomac, votre intestin. Un peu plus bas, un peu plus loin, votre voix porte moins, ce à quoi vous parlez, si vous savez y faire, dressera bien l'oreille.*

32 – CONTRE LE STRESS

La vie parfois, on ne sait trop pourquoi, vous met le cœur au bord des lèvres. L'incessant tourbillon où valsent en vos bras les heures infidèles, vous chavire les sens. Il faudrait être ici, avoir dit ça, et puis en même temps être là, avoir fait ci, comme ça, vous êtes responsable ; où étiez-vous passé ? Le directeur est furieux, je vais vous annoncer.

Non ! Assez ! Je ne supporte plus d'être ainsi pourchassé, comme un gibier, de m'entendre appeler comme on appelle un chien. « Monsieur Untel, vous avez raté le marché. Madame, vos résultats du mois, ce n'est pas vraiment bien. Réunion à huit heures, demain matin. »

Non ! Le métro coléreux qui rugit en station, qui me fixe, méchant, de ses yeux globuleux, et qui s'enfuit sous terre, le ventre plein de gens, livrer au Léviathan, son père, leur chair, ma chair qui n'en peut plus. Non !

La voiture oppressée, les épaules rentrées, et le cœur qui s'échauffe, et puis cette lenteur, cette immobilité à chaque instant, partout. Peut-être que bientôt, pour faire Paris-Conflans, il faudra patienter jusqu'à la fin des temps.

Et puis la nuit repassent, au rythme lourd du cœur, toutes les heures du jour ; elles vous harcèlent. Chacune d'elles exige une dernière danse, une valse écœurante, jusqu'au petit matin, sans un câlin, sans rien.

Repartir ? Il le faut. Je n'en peux plus. On vous attend. Pourrais-je au moins huit jours, ou cinq ou trois, sortir du rail, mettre mon pas tranquille dans ce qu'était avant ? Retrouver dans le cœur de l'heure ce trompe-l'œil si connu des amants, et qui fait croire, juste un instant, à la mort du temps ?

Trois jours ? Oui, on vous lâche. Mais vous n'oublierez pas, en revenant, de voir la DRH.

Bien, c'est toujours ça de gagné, trois jours ! Vous allez vous re-po-ser. Et d'abord mieux dormir. La nuit bien sûr, mais voulez-vous un petit plus, un conseil de Laforgue, qui vaut en monnaie d'or au moins cent carolus ?

Eh bien voilà : faites la sieste ! Pendant que le jour s'agite partout, bouclez fenêtre, porte, débranchez-vous des suceurs d'âme, et cherchez l'autre amarre, vous savez, celle sans qui vous auriez déjà quitté la vie.

Elle est là, c'est parfait. Il est trois heures, le soleil brille ; des oiseaux curieux vous envoient quelques trilles, et le vôtre répond. Ah, ah ! Quelle vigueur ! C'est un plaisir de voir ce qui descend du cœur !

Et maintenant, on doit laisser Laforgue dire comment il faudra faire, c'est un expert (vous allez voir, il était bien plus mal en point que vous ! Et pourtant, ce qui le titille surtout, c'est le « Fondons-nous ! » Tout cela, c'est du bon présage pour vous).

Sieste éternelle

Le blanc soleil de juin amollit les trottoirs.
Sur mon lit, seul, prostré comme en ma sépulture
(Close de rideaux blancs, œuvre d'une main pure),
Je râle doucement aux extases des soirs.

Un relent énervant expire d'un mouchoir
Et promène sur mes lèvres sa chevelure
Et comme un piano voisin rêve en mesure,
Je tournoie au concert rythmé des encensoirs.

Tout est songe. Oh ! viens, corps soyeux que j'adore,
Fondons-nous, et sans but, plus oublieux encore ;
Et tiédis longuement ainsi mes yeux fermés.

Depuis l'éternité, croyez-le bien, Madame,
L'Archet qui sur nos nefs pince ses tristes gammes
Appelait pour ce jour nos atomes charmés.

Jules Laforgue

> ***Notre conseil :*** *Si vous ne disposez pour cette sieste que d'un corps rugueux ou cagneux, vous pouvez emprunter, afin de l'y superposer, tout en fermant les yeux, le « corps soyeux » du sonnet, à condition de le remettre en place après.*

33 – CONTRE LA DOLEUR DE CUEUR

Vous avez remarqué une personne pour son profil, pour sa voix, pour sa démarche, et pour ses mains, pour ses doigts qui dans l'air se posent sur d'invisibles supports, en même temps que sa pensée marque le pas.

Son discours a des charmes soudains, son visage ne ressemble à rien de ce que l'ordinaire propose sous la lumière du jour.

La personne en question n'est pas de cette planète, elle est d'ailleurs, elle vient d'un satellite qui tourne dans votre tête, seule habitante qui craint les courants d'air et la griffe des tigres.

Méfiez-vous, le Petit Prince s'est déjà fait avoir, mais vous ne voulez rien savoir. Cette fois c'est la bonne, vous irez jusqu'au bout.

Comme les doux oiseaux, les gazelles, les ocelots, comme le colibri, ou les grands passereaux, comme l'éléphant, le bouc, et tous les animaux, comme le porc aussi, vous allez entamer la parade nuptiale.

Dans la mise d'abord, une belle chemise, et des couleurs pétantes, un pantalon qui moule, des chaussures conquérantes.

Si vous êtes une dame, la panoplie est infinie, mais prudence, à trop vouloir jouer les reines de Saba, à souligner pesamment ses appas, c'est le ridicule qu'on longe, et parfois, on y plonge.

Dans la puissance ensuite, car il faut qu'on la voie : vous revendez alors la Peugeot aux abois, vous passez à la banque et trop content d'un prêt dans les dix-huit pour cent, vous achetez la BM qui a cinq ou six ans, mais qui, sur l'autoroute fait à l'aise du deux cents !

Dans le discours enfin. Là, c'est plus difficile. On a ou on n'a pas dans l'esprit le subtil. Il faudra faire avec et si vous êtes lourd – c'est le cas presque toujours –, tâchez de taire au moins les trois quarts de ce qui aux lèvres vous vient.

Hélas, la personne en question se tient à distance. A-t-elle remarqué vos efforts, comment savoir ce qu'elle pense ? Ni les couleurs, ni la BM, ni les silences prudents n'ont fait tourner vers vous ce qui serait l'amorce d'un regard accrocheur.

Ah ! Qu'elle est loin de votre cœur ! Vous languissez. Et de beaux jours se perdent ; dans l'ombre retirée de quelque sous-bois frais, vous devriez déjà avoir emporté l'affaire.

Dans votre poitrine, et même ailleurs, ça cogne ! Votre organe – celui qui traditionnellement par métaphore désigne l'amour, ses plaisirs, ses tourments – s'impatiente et s'agite.

Que diriez-vous d'un petit coup de pouce de Charles d'Orléans ? Dans sa cour raffinée de Blois où passa sans s'y attarder, vers 1460, Villon le Magnifique, ce poète, frère de Charles VI, avait décidé d'engendrer Louis XII.

Mais pour cela, il lui fallait tomber Marie de Clèves, et ce n'était pas gagné ! Il interroge alors son organe qui souffre tout le jour et du soir au matin. Faites comme lui, ça ne mange pas de pain !

Rondeau

Que me conseilliez vous, mon cueur ?
Iray je par devers la belle,
Luy dire la peine mortelle
Que souffrez pour elle en doleur ?

Pour votre bien et son honneur,
C'est droit que vostre conseil celle.
Que me conseilliez vous, mon cueur,
Iray je par devers la belle ?

Si plaine la sçay de doulceur
Que trouveray mercy en elle,
Tost en aurez bonne nouvelle.
G'y vois, n'est-ce pour le meilleur ?
Que me conseilliez vous, mon cueur ?

Charles d'Orléans

Notre conseil : *Oui, oui, allez, allez, mettez la main au panier ! Oh, qu'assommants sont les gens sages ! On ne va pas en faire un fromage !*

34 – CONTRE LES FLATULENCES

François Villon, François Rabelais, Frédéric Dard, « fff... », ne croit-on pas, en unissant la première lettre de ces trois prénoms, en les prononçant, entendre, timide et douce, discrète, une vesse ?

Mais « Qu'est la vesse ? » direz-vous. La vesse est à la flatulence ce que la politesse, la décence sont à l'oralité. Disons tout simplement que cela ne sort pas du même côté.

Les trois auteurs plus haut ont donné droit de cité dans leur œuvre à ce qu'il convient d'appeler, sans se tortiller davantage, sans ambages, sans coquetteries de lexique, sans périphrases – eh, mon Dieu, qu'on a du mal à l'écrire, autant qu'à le retenir – : le pet.

Évidemment, il traîne après lui une sale réputation, surtout lorsque lui est adjoint le qualificatif « foireux » que d'autres appellent encore « traces de pneus ».

Partout il est banni, moqué, c'est un paria, un maudit. Veut-il s'exprimer ingénument, innocemment, ayant trompé la vigilance de la troupe de cerbères que sont les sphincters ? On regarde sa transparence avec arrogance, avec dégoût, et chacun de retenir « C'est vous ? », sauf celui qui l'a fait et se complaît dans l'odeur aigre-douce qui vient de ses viscères et pour laquelle il a des tendresses de mère.

Le pet est un mystère. On a trop vite fait de l'évacuer dans le registre des malpropretés. Et c'est un opprimé car, chaque fois qu'il veut parler, on fait tout pour l'en empêcher.

C'est comme s'il nous brûlait de dire quelque chose : on serre les lèvres qui se plissent, le message rebelle et subversif ne passera pas. Et même, un simple ajustement de vêtement servira de bâillon. Quelle déraison !

Il n'y a pas de quoi être fier. Chacun, pour sa propre parole, réclame la liberté d'expression, et celle de la presse ; et, dès la moindre vesse, on agit en tyran.

Et si ces variations sonores étaient de vrais messages ? Si le pet était un langage ? Combien de choses essentielles nous passent alors sous le nez ? Y avons-nous pensé ?

Aujourd'hui, on a presque tout décodé : les hiéroglyphes, l'alphabet phénicien, le couinement des dauphins, les sanglots longs du Débarquement, et un bon tiers au moins des interviews de Françoise Sagan.

Alors qu'attend-on pour approcher une oreille attentive du lieu précis d'où sont émises ces étranges missives.

Pourquoi ne pas s'intéresser d'abord à un dialogue, un entretien, quelque part échangé, et qu'on surprend, comme en un lieu secret on espionnerait des clandestins, réunis pour la nuit, qui complotent et conspirent et se séparent dans le petit matin.

Voyez-vous qui on veut dire ? Ces clandestins réunis

pour la nuit? Et qui souvent se font face, détendus mollement pour des heures secrètes, sous la couette, pendant que leurs propriétaires ont tourné le visage, l'un et l'autre, vers les bords du lit-cage?

Eh bien oui, c'est là qu'on peut entendre des dialogues troublants en un langage reconnaissable dans l'instant et qu'on pourrait appeler – comme l'anglais ou le javanais –: le « flatulent ».

Plusieurs séances d'auditions nocturnes permettront, avec émerveillement, de reconnaître toute la palette des sentiments, exprimée de façon crépitante ou bien reposée, à peine dite dans un souffle, ou bien exaltée, et parfois si tendre, si rêveuse.

L'étonnement viendra du délai que parfois la réponse s'accorde pour calmer l'inquiétude contenue dans la question posée comme ça, là, tout d'un coup et tout fort, à réveiller un mort.

C'est qu'elle cherche son inspiration dans bien des circonvolutions où s'attardent en même temps flageolets et haricot de mouton.

Le « flatulent » est lent. Le comprendre, c'est bien. Le pratiquer, c'est mieux. Certains couples l'ont d'ailleurs substitué dès le matin aux mots si ordinaires qui reviennent toujours, comme des tue-l'amour.

Les « Bonjour », les « Ça va ? » ont fait place au silence. On ne se parle plus qu'en flatulences. L'un des deux comploteurs de la nuit, en son langage ouaté, dit: « Tu as bien dormi? Vers minuit, vers deux heures, et puis vers les aurores, en frôlant ta joue lisse et tendue, j'ai bien cru que tu prenais froid », l'autre alors répond: « J'ai très peu fermé l'œil de la nuit » et le premier enfin ajoute « Tu vois, je l'avais bien senti. »

N'est-ce pas une révolution que cette façon nouvelle de considérer ce qui jusqu'alors était si mal jugé. Un entraînement régulier vous permettra à coup sûr de bien interpréter tout ce qu'on veut vous dire.

Peut-être veut-on vous faire comprendre que vous vous êtes assis trop brutalement, ou que vous gagneriez à soigner votre haleine parce qu'apparemment, alors que vous avez lâché une baleine, votre interlocuteur n'a rien remarqué.

Faites donc maintenant l'essai en société. Les assemblées en général sont tellement constipées que les phrases elles-mêmes sont soupçonnables d'être des pets masqués.

D'ailleurs, souvent, les gens mauvais vous parlent de très près. On vous dira alors : « J'ai entendu comme un coup de semonce... » ; et vous : « Non, c'était ma réponse ! »

Ou bien, si vous n'avez aucun succès auprès des dames, tentez d'entrer en communication avec ce qui d'elles vous intéresse par quelque vesse discrètement orientée vers la partie visée. Prêtez l'oreille, attendez le retour du courrier.

S'il vient dans la seconde, votre plan va très bien. Prenez l'affaire en main. Cela évite les contraintes de l'approche, les mignardises, les violons et tout le tintouin.

C'est vrai, l'amour, ce n'est pas la peine d'en faire un foin, puisque de toute façon, tôt ou tard il échoue dans le pet du matin.

« Fff... » Villon, Rabelais, Dard, bons François, que vous nous manquez ! S'il n'y avait l'espoir d'aller un jour péter en votre compagnie dans l'azur éthéré, ce serait à mourir. D'ailleurs, c'est ce que vous avez fait, grands niais ! Et vous vous en foutez si ça nous fait pleurer !

« Fff... », mais il y en a, de toute façon, qui diront non et non, ce n'est pas un sujet, c'est complètement déplacé. Et en se pinçant le nez, ils chercheront le poème promis pour soigner la flatulence. Le voici.

C'est un vieil Hugo de derrière les fagots, et qui s'intitule « Un soir qu'on entendait la mer sans la voir ». Long titre qui met en éveil : y aurait-il en ce poème quelque chose de plus que le vers ordinaire ?

Eh bien oui, dès les premiers mots, on est fixé : « Quels sont ces bruits sourds ? » Évidemment, il ne va être question que du pet. Hugo cache bien son jeu !

Et les deux derniers vers de chaque strophe, en forme de leitmotiv, ne laissent aucun doute : « Le vent de la mer souffle dans sa trompe ». Les histoires de marins ? Des leurres !

Dès que vous entrez en période flatulente, lisez ce poème. Même si Hugo ne fut pas un météore, il agit à coup sûr sur toute forme de météorisme.

Après une brève description du phénomène dans la première strophe « Quoiqu'un son plus clair... », la suite du poème évoque un tel vacarme des flots et de la tempête que vous devrez le proférer avec l'intense du cri, comme le font certains récitants, croyant servir la poésie.

Dans tout ce tintamarre, ce chahut, dans ce chambard, votre vent passera comme un pet de lapin.

UNE NUIT QU'ON ENTENDAIT LA MER SANS LA VOIR

« Quels sont ces bruits sourds ?
Écoutez vers l'onde
Cette voix profonde

Qui pleure toujours
Et qui toujours gronde,
Quoiqu'un son plus clair
Parfois l'interrompe...
Le vent de la mer
Souffle dans sa trompe.

« Comme il pleut ce soir !
N'est-ce pas, mon hôte ?
Là-bas, à la côte,
Le ciel est bien noir,
La mer est bien haute !
On dirait l'hiver ;
Parfois on s'y trompe...
Le vent de la mer
Souffle dans sa trompe.

« Oh ! marins perdus !
Au loin, dans cette ombre,
Sur la nef qui sombre,
Que de bras tendus
Vers la terre sombre !
Pas d'ancre de fer
Que le flot ne rompe.
Le vent de la mer
Souffle dans sa trompe.

« Nochers imprudents !
Le vent dans la voile
Déchire la toile
Comme avec les dents !

Là-haut, pas d'étoile !
L'un lutte avec l'air,
L'autre est à la pompe...
Le vent de la mer
Souffle dans sa trompe.

« C'est toi, c'est ton feu
Que le nocher rêve,
Quand le flot s'élève,
Chandelier que Dieu
Pose sur la grève,
Phare au rouge éclair,
Que la brume estompe !
Le vent de la mer
Souffle dans sa trompe »

Victor HUGO

Notre conseil : *On obtient aussi de très bons résultats en lisant les « Ysopets » de Marie de France, ou bien « Du côté de chez Wann », de Marcel Prout.*

35 – CONTRE L'IMPATIENCE

Vous voulez vous marier, pour la robe, la bague, pour un homme en queue de pie dont vous vous occuperez avec soin dès le soir.

Vous voulez vous marier pour prouver au monde entier que, s'il vous a choisie, c'est que vous êtes belle, même si vous avez les mollets en quenelles, du poil sous les aisselles, et l'acuité visuelle en délicatesse avec la netteté. Pas grave ! Il est à vos côtés.

Vous voulez vous marier parce que vous êtes jeune et que chaque matin, chaque soir, sans savoir si toujours vous en aurez envie, vous voulez avoir droit au déduit.

Ah, ah ! La belle affaire, eussent dit les grands-mères au temps si proche encore où les corps, dans le bref et brutal, traitaient de politique natale.

Aujourd'hui, qu'en est-il ? Après le travail et le stress, il y a si peu de temps pour exalter la fesse.

« Qu'importe, je m'en fiche, moi, je veux un mari. Et

je veux me montrer à son bras dans les rues. » Justement, savez-vous ce que les gens diront ? « Oui, ils diront : voyez comme ils ont l'air heureux ! »

Point du tout, oh, là, là ! En eux, dès le matin, l'aspic s'éveille et bricole aux paroles des crochets venimeux. N'approchez pas, on vous mordrait, vous en mourriez. Car ils diront : « Regardez-les, c'est la cruche et son coquelet, mon Dieu qu'ils ont l'air niais ! »

« Ce n'est pas vrai, et par les rues j'irai, avec lui à mon bras, nous garerons la voiture, et puis, nous nous regarderons dans les devantures. »

C'est l'image qui vous fascine, votre vie s'écoulera dans le reflet de quelque page de mode ; à vos côtés, le marié s'étiolera, ne sera plus sortable.

Un soir où vous aurez compris que l'union, c'est deux âmes, vous penserez de vous : « Je suis une minable ! » Et la mort vous prendra, vous classera bien vite parmi les oubliés, sans passé.

Vous voulez vous marier, pour les cadeaux, le festin, la promesse d'un jour à nul autre pareil. Les fleurs, le voile en tulle, les bijoux de vermeil. Et l'entrée triomphale sous les cloches qui sonnent, les pas dans Mendelssohn.

Allez-y, il est l'heure, et vous êtes en retard. Ou bien, attendez, juste une seconde, lisez l'allégorie qui vous parle de l'onde. Chénier la rédigea avant d'entrer en sa prison du Temple. Et puis, on lui coupa la tête, pour l'exemple.

Lisez « La jeune Tarentine ». Le trajet qu'elle fait, allant vers Camarine, est celui de sa vie. C'est son jour le plus beau. Mais elle va mourir. Que faut-il en déduire ? Mariez-vous, vous en avez envie, mais pensez-y quand même : quel que soit le voyage, on vous mène en bateau.

La jeune Tarentine

Pleurez, doux alcyons, ô vous, oiseaux sacrés,
Oiseaux chers à Thétis, doux alcyons, pleurez.
Elle a vécu, Myrto, la jeune Tarentine.
Un vaisseau la portait aux bords de Camarine.
Là l'hymen, les chansons, les flûtes, lentement,
Devaient la reconduire au seuil de son amant.
Une clé vigilante a pour cette journée
Dans le cèdre enfermé sa robe d'hyménée
Et l'or dont au festin ses bras seraient parés
Et pour ses blonds cheveux les parfums préparés.
Mais, seule sur la proue, invoquant les étoiles,
Le vent impétueux qui soufflait dans les voiles
L'enveloppe. Étonnée, et loin des matelots,
Elle crie, elle tombe, elle est au sein des flots.
Elle est au sein des flots, la jeune Tarentine.
Son beau corps a roulé sous la vague marine.
Thétis, les yeux en pleurs, dans le creux d'un rocher
Aux monstres dévorants eut soin de la cacher.
Par ses ordres bientôt les belles Néréides
L'élèvent au-dessus des demeures humides,
La portent au rivage, et dans ce monument
L'ont, au cap du Zéphir, déposée mollement.
Puis de loin à grands cris appelant leurs compagnes,
Et les Nymphes des bois, des sources, des montagnes,
Toutes frappant leur sein, et traînant un long deuil,

Répétèrent : « Hélas ! » autour de son cercueil.
Hélas ! chez ton amant tu n'es point ramenée.
Tu n'as point revêtu ta robe d'hyménée.
L'or autour de tes bras n'a point serré de nœuds.
Les doux parfums n'ont point coulé sur tes cheveux.

André CHÉNIER

Notre conseil : *Votre mari a une queue de pie ? Ne vous inquiétez pas si le soir des noces, elle lui tombe sur les chaussettes. Un peu d'amidon pendant la nuit, et le matin, elle aura fière allure.*

36 – CONTRE LE RIDICULE

C'est si faible un homme. Un simple regard appuyé, une œillade de femme, et le voilà qui perd pied, capable, comme Henri IV, d'engager un royaume jusqu'à le ruiner. Et souvent, ce royaume, c'est sa maisonnée.

Il n'a plus de l'humain que l'enveloppe : la pensée, le subtil, et l'esprit, s'il en est, tout est dans la culotte. Du matin au matin, il n'est plus que l'instinct.

Plus qu'un désir, plus qu'un vouloir. Il veut, il la veut, la poursuit et l'espionne. Il voit dans ses cheveux la crinière d'une lionne où s'agrippe sa main dans la douce besogne.

En rêve, il la soumet, puis se lève vainqueur, un soupçon de mépris dans la prunelle et plus rien dans le cœur. Il se dégage du champ, s'arrête à la fenêtre, et comme De Niro, allume une Marlboro.

Mais elle ne veut rien savoir. Les petits plans pour amants avec auberge et nuit, petit déjeuner compris, elle les disperse de ses longs doigts fins pris dans un geste vague où toute sa personne, à la fin de la phrase, – cela se sent à peine – ferme comme une porte. Et quel que soit le mot, on entend comme un « Vlan ! »

Lui, tout penaud, refroidi, se la met sur l'oreille. Et c'est en général tout seul qu'il se la fume, sa cigarette. Elle se contente de l'admettre dans sa cour, c'est une coquette.

Mais l'homme s'obstine, trépigne, et veut absolument toucher les appas de la dame, et qu'elle se laisse faire, et qu'il joue avec tout.

Qui a vu un coq enfler ses plumes dans une basse-cour en poursuivant ses poules est averti des finesses de ce genre d'amour.

Et parfois il arrive que cet homme buté comme un bambin à qui on vole son goûter n'est autre qu'un poète qu'en vers de douze pieds célébra Despréaux, ou Nicolas Boileau : « Enfin Malherbe vint, et le premier en France / Fit sentir dans les vers une juste cadence... »

Malherbe ! François de son prénom. S'il fournit à la langue sa cadence admirable, ce François-là ne donna rien, comme les autres (voir « Contre les flatulences »), de formidable. Au Louvre, près du roi qu'il lui fallait séduire, il joua plutôt la brosse à reluire.

Et déçu qu'une dame ne troussât point sa cotte, ne montrât point sa motte, comme dans le sonnet égrillard qu'on connaît (amusant, il est vrai), en cinq strophes de vers croisés, il clame, sans humour, à tous les siècles sa contrariété. Monsieur est vexé !

Vraiment, cela valait la peine de traiter le sujet ! Malherbe y apparaît comme un petit roquet, hargneux et menaçant. Aujourd'hui, on nommerait cela du harcèlement, et si cette insistance malheureuse se manifestait près de la photocopieuse, Malherbe peu ou prou séjournerait au trou.

C'est faire bien peu de cas des dignités de femme. Et cet ultimatum ne grandit pas son homme. Et c'est ainsi qu'on laisse à la postérité l'image sans noblesse et sans beauté d'un obsédé de la fesse, méchamment insistant, vaguement irritant, vaguement ridicule.

Alors, contre le ridicule ? Un seul conseil : abandonner la place dès qu'on sent que les mots de la dame renforcent ses barrières, verrouillent les entrées : jamais elle ne vous montrera son derrière !

Dessein de quitter une dame qui ne le contentait que de sa promesse

Beauté, mon beau souci, de qui l'âme incertaine
A comme l'Océan son flux et son reflux :
Pensez de vous résoudre à soulager ma peine,
Ou je vais me résoudre à ne la souffrir plus.

Vos yeux ont des appas que j'aime et que je prise,
Et qui peuvent beaucoup dessus ma liberté :
Mais pour me retenir, s'ils font cas de ma prise,
Il leur faut de l'amour autant que de beauté.

Quand je pense être au point que cela s'accomplisse,
Quelque excuse toujours en empêche l'effet :
C'est la toile sans fin de la femme d'Ulysse,
Dont l'ouvrage du soir au matin se défait.

Madame, avisez-y, vous perdez votre gloire
De me l'avoir promis et vous rire de moi,
S'il ne vous en souvient, vous manquez de mémoire,
Et s'il vous en souvient, vous n'avez point de foi.

J'avais toujours fait compte, aimant chose si haute,
De ne m'en séparer qu'avecque le trépas,
S'il arrive autrement ce sera votre faute,
De faire des serments et ne les tenir pas.

François DE MALHERBE

« Quoi ? Mais quoi ? Qu'est-ce qu'il disait plus haut ? Un sonnet égrillard ? Tu le connais ? Où on pourrait le trouver, j'en ai entendu parler... »

Bon, puisque c'est vous, le voilà ce sonnet, où le même, François de Malherbe, le sang bien échauffé à la fin du repas, s'en prend brutalement à sa dame de cœur.

SONNET

Çà, çà pour le dessert troussez-moi votre cotte,
Vite, chemise et tout, qu'il n'y demeure rien
Qui me puisse empêcher de reconnaître bien
Du plus haut du nombril jusqu'au bas de la motte.

Voyons ce traquenard qui se pique sans botte,
Et me laissez à part tout ce grave maintien,
Suis-je pas votre cœur, êtes-vous pas le mien,
C'est bien avecque moi qu'il faut faire la sotte.

– Mon cœur, il est bien vrai, mais vous en prenez trop,
Remettez-vous au pas et quittez ce galop,
– Ma belle, laissez-moi, c'est à vous de vous taire.

– Ma foi vous vous gâtez en sortant du repas.
– Belle, vous dites vrai, mais se pourrait-il faire
De voir un si beau c.. et ne le f..tre pas ?

François DE MALHERBE

Notre conseil : *Vous ne parvenez pas à trouver les lettres manquantes dans le dernier vers ? Nous non plus ! C'est c.. ! Mais on n'en a rien à f..tre !*

37 – CONTRE LES ILLUSIONS

Vous vouliez être pilote de chasse, vous êtes chauffeur de poids lourd. Vous vouliez défiler pour Dior, vous épuisez votre corps en repassant au pressing, en faisant du facing au supermarché.

Vous aviez pour Hugo, pour Voltaire et Rousseau, la considération d'un génie en puissance : vous alliez faire mieux qu'eux. Et c'est avec condescendance que vous lûtes les *Contemplations*, *Micromégas*, les *Confessions*.

Hélas, depuis vingt ans, vous proposez aux éditeurs des élégies, des odes, des poèmes en pleurs, de gros romans pleins de douleur. Ils ne les aiment pas, et puis vous les renvoient, à vos frais, au bout d'un mois.

Vous vouliez parcourir le monde, descendre triomphant tous les jours d'un Boeing, raconter en marchant et en tenue de brousse comment, là-bas, tout le monde a la frousse du tyran Ducongo : « D'ailleurs, j'ai les photos... »

Mais un automatique à flash incorporé vous sert de

temps en temps aux noces et banquets pour immortaliser maman et les mouflets.

Vous étiez sur la ligne, en première position, attendant le décompte. Derrière vous c'est Prost, un plus loin Senna. Attention au départ, tous les feux sont au vert.

Vous êtes toujours là, immobile, en panne – c'est un dimanche sur une route de campagne – tout bête, quarante à l'heure dans votre tête, le garagiste ne devrait pas tarder. Le soir tombe, les enfants dorment sur la banquette arrière, votre épouse s'inquiète du prix que ça va coûter.

Dans votre commune, on vous élisait conseiller, puis maire, puis la circonscription vous faisait député. À l'Assemblée, quelque rapport époustouflant sur le prix des carburants vous gagnait la faveur des foules. Un passage aux Finances, c'était la présidence...

« ... Et n'oublie pas le pain, les poireaux, le pâté, le sel et le gruyère, les nouilles. Tâche de te dépêcher ! » Vous prenez le grand sac du Leclerc d'à côté. Et vous obéissez.

Il y en avait des rêves dans vos vingt ans d'hier. Ils sont toujours là, tous les matins, en demi-cercle, aux premiers plans de la mémoire. Et ils vous demandent des comptes. Et vous baissez les yeux. Vous murmurez : « Vous le savez bien, je n'ai pas pu faire mieux ».

Vous sortez. Tout va bien : l'averse noie vos joues. Dans l'autobus qui vient là-bas, en trombe, on confondra la pluie et les larmes du ciel.

Face à ces illusions qui ont la vie dure, deux solutions sont possibles. Une bonne et une mauvaise. Commençons par la mauvaise :

J'ai rêvé les amours divins,
L'ivresse des bras et des vins,
L'or, l'argent, les royaumes vains,

Moi, dix-huit ans, Elle, seize ans.
Parmi les sentiers amusants
Nous irions sur nos alezans.

Il est loin le temps des aveux
Naïfs, des téméraires vœux !
Je n'ai d'argent qu'en mes cheveux.

Les âmes dont j'aurais besoin
Et les étoiles sont trop loin.
Je vais mourir soûl, dans un coin.

Charles Cros

Et c'est ce qu'il a fait, Charles Cros, à quarante-quatre ans. Il était bien avancé ! S'il avait à temps arrêté l'absinthe, il aurait pu tranquillement regretter son passé pendant des décennies, dire merci à la vie de sa longévite.

Mais voici, face aux illusions, l'autre solution. Et qui nous la propose ? C'est l'homme aux coquillages (voir « Contre la crise de foie »), l'homme au charmant ramage, le copain de Rimbaud, celui de Charles Cros, comme lui au Procope, au bord de la syncope : Paul Verlaine.

Et que nous propose-t-il, ce « Pauvre Lélian » (anagramme faite à partir du nom de l'auteur, par l'auteur soi-même. Bravo, Paul !) : la résignation. C'est bien aussi.

La vie humble...

La vie humble aux travaux ennuyeux et faciles
Est une œuvre de choix qui veut beaucoup d'amour.
Rester gai quand le jour, triste, succède au jour,
Être fort, et s'user en circonstances viles,

N'entendre, n'écouter aux bruits des grandes villes
Que l'appel, ô mon Dieu, des cloches dans la tour,
Et faire un de ces bruits soi-même, cela pour
L'accomplissement vil de tâches puériles,

Dormir chez les pécheurs étant un pénitent,
N'aimer que le silence et converser pourtant,
Le temps si grand dans la patience si grande,

Le scrupule naïf aux repentirs têtus,
Et tous ces soins autour de ces pauvres vertus !
– Fi, dit l'Ange Gardien, de l'orgueil qui marchande !

Paul Verlaine

Notre conseil : *... Et l'anniversaire de mariage, vous y avez pensé ? Alors ! Prenez au rayon fleurs du Leclerc, le bouquet en promo : ce sont de longs œillets aux pétales fripés, à la corolle sèche, à l'allure fanée. N'est-ce pas une chance ? Cela s'adapte tout à fait à la circonstance.*

38 – CONTRE L'AGUEUSIE

L'aigre, le sur, l'amer, le doux et le sucré, le fade, le douceâtre, le salé, l'épicé, l'âcre, le rance, le saumâtre, l'éventé, l'écœurant... Plus rien ! Et votre palais est devenu comme certaines galeries d'art moderne : le goût a disparu !

C'est venu tout d'un coup. Vous avez cru que l'insipide des jours vous jouait un mauvais tour : déjà incrusté jusque dans votre moelle, il s'en allait faire un tour dans la poêle, volant la saveur du beurre, du bifteck, et des pommes rissolées.

Et puis, vous avez humé l'air du printemps. Plus aucune des fleurs où vous trouviez la vigueur, avant, n'émettait la fragrance fruitée, délicate, qui chargeait vos accus et qui vous rendait fort, si vous nous passez la métaphore.

Un peu plus tard dans la journée, après le déjeuner, vous vous êtes mis en bouche un digestif, un produit anisé, qui ressemble à l'ouzo trempé. Rien, toujours rien. Ce digestif était pipé.

Et puis, tout d'un coup, l'envie vous a pris d'entrer chez un revendeur de voitures allemandes, peu roulé, très bon état. Vous avez choisi la Turbo GTI, échappement chromé, quatre roues surbaissées, vitres arrière fumées et bandeau McLaren.

Vous avez acheté à l'hypermarché une veste jaune paille, une chemise vert pomme et une cravate large avec de jolis motifs évoquant le golf et les sports de riches.

Enfin, pour vous marier, vous avez envoyé des faire-part rose bonbon, avec des dentelles en papier et deux colombes découpées dans la masse, qui s'embrassent. Et vous irez en voyage de noces à Djerba.

Alors, très inquiet de vous-même, vous êtes allé consulter.

Et le praticien vous a dit : « Vous souffrez d'agueusie à tendance anosmique, c'est-à-dire que vous manquez de goût, complètement, et que vous sentez mal les choses. Mais je peux vous soigner : je tiens de mon ancêtre un remède efficace contre cette affection. Il était libraire, éditait Baudelaire qui était un homme de goût. Son sonnet « Correspondances » vous rendra le vôtre. J'en ai guéri bien d'autres en agissant ainsi. Les hommes ont surtout besoin de poésie. »

Et, donc, venant nous voir, c'est tout cela que vous nous avez répété, nous offrant le sonnet que voici, en toute sympathie. Merci.

Correspondances

La Nature est un temple où de vivants piliers
Laissent parfois sortir de confuses paroles ;
L'homme y passe à travers des forêts de symboles
Qui l'observent avec des regards familiers.

Comme de longs échos qui de loin se confondent
Dans une ténébreuse et profonde unité,
Vaste comme la nuit et comme la clarté,
Les parfums, les couleurs et les sons se répondent.

Il est des parfums frais comme des chairs d'enfants,
Doux comme des hautbois, verts comme les prairies,
– Et d'autres, corrompus, riches et triomphants,

Ayant l'expansion des choses infinies,
Comme l'ambre, le musc, le benjoin et l'encens,
Qui chantent les transports de l'esprit et des sens.

Charles BAUDELAIRE

Notre conseil : *En partant, vous nous avez dit « Bonne journée ». Relisez le sonnet !*

39 – CONTRE LA TRISTESSE

Un poète, en général, c'est triste. Sur les portraits, ça tire une tête lugubre, ça se donne des airs exprès pour faire peur aux enfants, pour inquiéter les gens.

Ça prend la pose, ça fait semblant de penser à des choses supérieures, de s'en aller vers des lieux étranges, des monts mystérieux où tient boutique un marchand de secrets.

Ça redescend sur terre, l'air distrait, préoccupé, avec deux ou trois mystères en solde dans les poches : « Si je n'écris ce que je sais, la Terre va-t-elle tourner encore ? »

Mais parfois, un poète, c'est plus proche des gens, ça écrit des choses qu'on comprend. Alors on se sent intelligent. On a de l'estime pour soi, et pour lui.

Ça devient un ami, quelqu'un de nulle part, rangé dans le hasard entre deux volumes. Et le soir, quand les petites tristesses s'allument, çà et là dans l'inquiétude d'être, on promène sur les rayons de la bibliothèque une main flottante.

Tiens, voilà Francis Jammes. J'ouvre sa porte. Un village, des enfants, des fleurs de toutes sortes, et des ânes gentils occupent sa maison. Des flammes comme une onde dessinent au plafond l'indécis, entre le rêve et le souci.

Je m'avance, j'entre dans une pièce, et je dis : « Je viens pour ma tristesse. »

Alors, au fond de moi, pendant que je lis, la voix de Francis Jammes qui est au paradis, me parle de la neige et d'un grand feu de bois, d'une pipe à bout d'ambre.

C'est peut-être décembre, ou juin, ou quelque mois sans nom. Il y a dans les mots comme des flocons. Il y a des étoiles. Et tout cela s'anime dans l'âme blessée, et c'est comme une douce averse dans la pensée.

Lisez « Il va neiger ». Lisez-le lentement. La ligne prend son temps pour descendre la page. Votre tristesse passe entre les images, s'enfuit.

Passez une bonne nuit.

Il va neiger...

Il va neiger dans quelques jours. Je me souviens
de l'an dernier. Je me souviens de mes tristesses
au coin du feu. Si l'on m'avait demandé : qu'est-ce ?
J'aurais dit : laissez-moi tranquille. Ce n'est rien.

J'ai bien réfléchi, l'année avant, dans ma chambre,
pendant que la neige lourde tombait dehors.
J'ai réfléchi pour rien. À présent comme alors
je fume une pipe en bois avec un bout d'ambre.

Ma vieille commode en chêne sent toujours bon.
Mais moi j'étais bête parce que ces choses
ne pouvaient pas changer et que c'est une pose
de vouloir chasser les choses que nous savons.

Pourquoi donc pensons-nous et parlons-nous? C'est
drôle;
nos larmes et nos baisers, eux, ne parlent pas
et cependant nous les comprenons, et les pas
d'un ami sont plus doux que de douces paroles.

On a baptisé les étoiles sans penser
qu'elles n'avaient pas besoin de nom, et les nombres
qui prouvent que les belles comètes dans l'ombre
passeront, ne les forceront pas à passer.

Et maintenant même, où sont mes vieilles tristesses
de l'an dernier? À peine si je m'en souviens.
Je dirais: laissez-moi tranquille, ce n'est rien,
si dans ma chambre on venait me demander: qu'est-ce?

Francis JAMMES

Notre conseil: *En lisant le poème tout entier, vous avez remarqué ceci de singulier: «Mais moi j'étais bête...». À vous de décider s'il faut croire les poètes.*

40 – CONTRE LA CELLULITE

« Aaahh ! » Il est terrible, déchirant, le cri que pousse la jeune fille, un jour, dans une chambre, la sienne, ou celle de son amant. Pourquoi crie-t-elle ainsi ? Qu'est-il donc arrivé alors qu'en Ève pure, dans le simple appareil, juste après son éveil, elle offrait sa beauté à sa psyché ?

L'homme qui l'entourait dans la tiédeur heureuse et les draps de la nuit, mutin, mais maladroit, l'aurait-il prise, par surprise, se glissant dans son dos, comme au dodo ? Point du tout ! Cet homme est assoupi, ronfle légèrement – ou bien c'était un rêve dont l'empreinte s'annule dans l'oreiller de plume et le drap rose et vert, célibataire.

Et pourtant à cet instant, l'instant du cri, la jeune fille devient femme. Alors ? On veut savoir ? Eh bien voilà – nous étions là ! L'affaire a commencé alors qu'à la psyché, elle offrait son derrière, histoire de voir encore, comme la veille au soir, la courbe avantageuse, et l'orbe rebondi, le satin délicat, et la pleine lumière de cette source d'adultère qu'est le postère.

« Aaahh ! » Son regard a glissé, un peu plus bas, cherchant le grain poli de la colonne jolie qu'en anatomie – ou en charcuterie –, on nomme cuisse. « Aaahh ! » nous vous livrons la suite : « ... mais, j'ai de la cellulite ! »

C'est le drame, la naissance de la femme. Désormais, plus jamais comme avant elle n'aura pour sa chair la naïve tendresse du regard impubère. Et jusqu'au terme de ses ans, elle achètera régulièrement en hiver, au printemps, n'importe quand, n'importe quoi que l'on vend dans les kiosques, en plein vent, pourvu qu'à la une, aux cuisses, on promette la lune.

« J'ai de la cellulite. » Et c'est vrai, nous l'avons constaté. Vu de près, c'est comme un relief très ancien, type Massif armoricain, avec ses sommets, ses vallées, ses petites dépressions au fond desquelles semble couler, figée, pareille à des fleuves de lait, minces filets, la graisse.

Et ça donne à la peau l'allure boursouflée d'une baudruche dégonflée. Et ça va s'aggraver ! Les vallées raisonnables deviendront des gorges, les sommets endurcis borderont des canyons, et regardant cela, mignonne qui fûtes sage et ne lûtes à temps le conseil de Ronsard : « Vivez si m'en croyez, n'attendez à demain / Cueillez dès aujourd'hui les roses de la vie », contemplant alors vos fesses criblées, décomposées, un soir de solitude et de regrets, vous ferez « Aaahh ! » une dernière fois, et vous mourrez.

C'est affreux, n'est-ce pas ? On n'y peut rien, ou presque, c'est comme ça. Une solution ? Peut-être : quitter la ville, et allonger le pas, youkaïdi, dans la prosodie de Théodore de Banville. Pour un peu on croirait, avant les pages « Cuisine », la rubrique minceur de « Santé magazine ».

Allez, courez dans la montagne ! Les oiseaux font « Cui-cui », et les biches « Frou-frou », et la Muse chantonne. Foncez, grimpez, marchez vite. Tout ira pour le mieux tant que vous ignorez que la crédulité dissout la cellulite.

Conseil

Eh bien ! mêle ta vie à la verte forêt,
Escalade la roche aux nobles altitudes.
Respire, et libre enfin des vieilles servitudes,
Fuis les regrets amers que ton cœur savourait.

Dès l'heure éblouissante où le matin paraît,
Marche au hasard ; gravis les sentiers les plus rudes.
Va devant toi, baisé par l'air des solitudes,
Comme une biche en pleurs qu'on effaroucherait.

Cueille la fleur agreste au bord du précipice,
Regarde l'antre affreux que le lierre tapisse
Et le vol des oiseaux dans les chênes touffus.

Marche et prête l'oreille en tes sauvages courses ;
Car tout le bois frémit, plein de rythmes confus,
Et la Muse aux beaux yeux chante dans l'eau des sources.

Théodore de Banville

Notre conseil : *Soyez « baisé par l'air des solitudes »,* conseille Banville. *C'est bien, mais que cela ne change rien à d'autres habitudes.*

41 – CONTRE LA DELERMITE

La delermite est une maladie bénigne qu'on attrape en général par contact de conversation. Des mots fiévreux sont lâchés par un interlocuteur qui se met à vous parler de la cueillette des mûres avec exaltation, du banana-split avec lyrisme, et de la première gorgée de bière avec dans l'haleine cette acidité houblonnière qui révèle le croyant pratiquant prêt à vous sacrifier à son dieu si de quelques « mmmh ! » affirmatifs vous n'approuvez ce qu'il vous serine sous le nez.

Pourtant, jamais cela n'est arrivé. Il faut dire que, malgré les intentions meurtrières qu'on lui prête, celui qui est atteint de delermite est, en général, peu agressif : le malade type est quelqu'un d'entre deux âges qui – à quelques exceptions près – n'a plus lu depuis le collège ou le lycée, ou qui, n'ayant rien compris à Lacan, Sartre ou Sollers (ni même à Bernard Clavel), et s'étant endormi sur *le Rivage des Syrtes*, affirme, comme en s'excusant : « Lire ? Oui, mais je n'ai pas le temps ! »

Jusqu'au jour où, par hasard, quelqu'un le contamine au cours d'un badinage pendant lequel, sans précautions, les phrases, qui d'habitude copulent de façon stérile, donnent alors naissance à une table des matières où, entre autres, on trouve « Frous-frous sous les cornières », « Le bruit de la dynamo » et l'éponyme (cherchez dans le dictionnaire) « La première gorgée de bière ».

« Victoire ! J'ai lu un livre ! » s'exclame un peu plus tard le contaminé, tenant en main l'opuscule de 92 pages, dont 60 de texte si on ôte les vides typographiques, dont il ne reste rien si on retranche les vacuités.

« Et j'ai tout compris, je m'y suis retrouvé ! » L'incubation est terminée. La delermite est prête à entrer dans sa phase éruptive :

« Écoutez, c'est incroyable, moi aussi, j'ai cueilli des mûres, et je ne m'en étais jamais aperçu ! Il a fallu, pour que je me le dise, que je le lise, là, dans ce livre ! »

Traduit en langue de Molière, cela donne : « Par ma foi ! il y a plus de quarante ans que je dis de la prose sans que j'en susse rien ; et je vous suis le plus obligé du monde de m'avoir appris cela. »

Monsieur Jourdain poursuit : « Moi aussi, j'ai voyagé dans un vieux train, j'ai regardé le tour de France, j'ai mangé un casse-croûte et fait couler un bain dans le soir d'un dimanche, et j'ai marché, à Montparnasse, sur le trottoir roulant. Je me suis vu à chaque page, tout est écrit dedans. Vous devriez le lire ! »

Attention, vous êtes en danger. De petits mots brûlants vous parcourent la peau et vous dressent les poils. Ils descendent au pore et prennent un vaisseau qui les porte au cerveau. C'est comme une dermite qui n'en a pas l'air, la delermite.

S'ils y éclatent en feu d'artifice, entre neurones et synapses, c'est que le terrain était propice. Et vous voilà condamné, pour des années, à tenir des propos aussi inspirés que ceux de l'ami Ricoré.

Mais s'ils sont refoulés, s'ils s'éparpillent dans vos phrases, s'échouent, se sabordent en grands éclats de rire, vous êtes sauvé. Entrant dans une cabine téléphonique, vous ne vous direz pas : « Vais-je être à la hauteur de ce qu'en écrit l'auteur, page quatre-vingt-six ? »

Le regard allumé, vous n'aborderez pas le collègue surpris lui disant tout de go : « Lorsque tu roules à vélo, as-tu vraiment écouté le bruit de la dynamo ? Et quand tu prends un porto, hein, penses-tu ce qu'il faut ? »

Voulez-vous tenter de guérir quelqu'un gravement atteint de delermite aiguë, qui vous bassine avec la nature, vous entretient sans cesse de petits riens, et voudrait pour votre bien, vous gagner à sa culture ?

Donnez-lui en lecture, afin qu'il comble ses vues lacunaires, quelque poème sur la nature vue par Baudelaire. « Une charogne » – recommandé dans le régime minceur, en poésie et en douceur – fera l'affaire.

Ça lâche les baskets aux fleurs, aux petits oiseaux, aux nuages gentils, aux mûres, aux dynamos. Et puis au moins, par-delà l'image et par-delà les mots, c'est rigolo.

Une charogne

Rappelez-vous l'objet que nous vîmes, mon âme,
    Ce beau matin d'été si doux :
Au détour d'un sentier une charogne infâme
    Sur un lit semé de cailloux,

Les jambes en l'air, comme une femme lubrique,
 Brûlante et suant les poisons,
Ouvrait d'une façon nonchalante et cynique
 Son ventre plein d'exhalaisons.

Le soleil rayonnait sur cette pourriture,
 Comme afin de la cuire à point,
Et de rendre au centuple à la grande Nature
 Tout ce qu'ensemble elle avait joint;

Et le ciel regardait la carcasse superbe
 Comme une fleur s'épanouir.
La puanteur était si forte, que sur l'herbe
 Vous crûtes vous évanouir.

Les mouches bourdonnaient sur ce ventre putride,
 D'où sortaient de noirs bataillons
De larves, qui coulaient comme un épais liquide
 Le long de ces vivants haillons.

Tout cela descendait, montait comme une vague,
 Ou s'élançait en pétillant;
On eût dit que le corps, enflé d'un souffle vague,
 Vivait en se multipliant.

Et ce monde rendait une étrange musique,
 Comme l'eau courante et le vent,
Ou le grain qu'un vanneur d'un mouvement rythmique
 Agite et tourne dans son van.

Les formes s'effaçaient et n'étaient plus qu'un rêve
 Une ébauche lente à venir,
Sur la toile oubliée, et que l'artiste achève
 Seulement par le souvenir.

Derrière les rochers, une chienne inquiète
Nous regardait d'un œil fâché,
Épiant le moment de reprendre au squelette
Le morceau qu'elle avait lâché.

– Et pourtant vous serez semblable à cette ordure,
À cette horrible infection,
Etoile de mes yeux, soleil de ma nature,
Vous, mon ange et ma passion !

Oui ! telle vous serez, ô la reine des grâces,
Après les derniers sacrements,
Quand vous irez sous l'herbe et les floraisons grasses,
Moisir parmi les ossements.

Alors, ô ma beauté ! dites à la vermine
Qui vous mangera de baisers,
Que j'ai gardé la forme et l'essence divine
De mes amours décomposées !

Charles BAUDELAIRE

Notre conseil : *Si dans le matin tiède vous voyez arriver quelqu'un d'un peu niais qui vous dit : « Le soleil vient de se lever, encore une belle journée... », méfiez-vous, c'est l'ami Ricoré. Parlez-lui doucement pour ne pas le brusquer. Puis téléphonez à la télé. Ils enverront deux infirmiers pour le récupérer.*

42 – CONTRE LA MIGRAINE

Une migraine d'homme, c'est sérieux, c'est silencieux ; tout juste si ça plisse le front lorsque le bruit des voix et des moteurs dans la rue aiguise les couteaux qui traversent le cerveau.

Une migraine d'homme, c'est digne et crédible. Ça ne survient pas n'importe comment pour un oui pour un non, ça s'élabore au fil des jours soucieux, parce que l'homme veut toujours faire mieux, et il s'y donne à fond, le pauvre vieux !

Jamais il ne se plaint, ou si peu. Et si sa partenaire l'invite à se défaire de quelque hésitation dans l'alcôve secrète, si, ensuite, elle l'engage à l'action dont il n'a nulle envie vu qu'il est abruti par la céphalée, il ne dit rien, il s'exécute.

Car l'homme est l'exemplaire abnégation quand il s'agit d'aller au but, à l'écoute qu'il est de celle qui parfois change, et dont il apprécie les mutations félines.

Une migraine de femme c'est tout autre chose. C'est

tapi tout le jour, toute la nuit quelque part, on ne sait où, c'est invisible, et en même temps, dès qu'elle s'en plaint, c'est transparent.

Pour la plupart, cela commence dès le matin. Elles n'ont jamais appris à calculer, en cent leçons, comment fuir avant certaines obligations.

En attendant que le temps se dévide, elles s'en tirent, les vilaines, en disant : « J'ai la migraine ! »

Et puis, c'est dans la journée : l'homme content rentre déjeuner, et la secrétaire l'ayant félicité pour la couleur de sa chemise, le voilà, tout en joie, qui propose des choses, juste en apéritif.

Eh non ! Même si elle sait qu'il y a là comme une entorse à ses devoirs de femme, et que ces luxations répétées mènent à la fêlure, elle allègue : « Non, pas maintenant, car j'ai mal à la tête ».

C'est bête, mais ce n'est pas fini : car, le soir, rentre l'homme, tout marri du midi. Il se dit : « Nom de non, cette fois-ci, je le veux, mon déduit ! »

Il n'aura rien, car elle aime avant tout le romantisme. Elle en manque, et si elle prétexte encore une grosse migraine, c'est qu'elle aimerait s'entendre dire : « Oh, mon Annie, comme tu me manques ! »

Une migraine de femme, finalement, ce n'est rien qu'un appel au secours, un langage codé, une forme d'amour lassé d'être frustré.

Que proposer alors, pour soigner tout cela ? Encore un Baudelaire ? Pourquoi pas.

Il en est un très beau qui invite au voyage, distrait des soucis d'homme, fait éclater la cage où se morfond la femme, traversés elle et lui de migraine au logis, langage dont vous êtes à présent averti.

L'invitation au voyage

Mon enfant, ma sœur,
Songe à la douceur
D'aller là-bas vivre ensemble !
Aimer à loisir,
Aimer et mourir
Au pays qui te ressemble !
Les soleils mouillés
De ces ciels brouillés
Pour mon esprit ont les charmes
Si mystérieux
De tes traîtres yeux,
Brillant à travers leurs larmes.

Là, tout n'est qu'ordre et beauté,
Luxe, calme et volupté.

Des meubles luisants,
Polis par les ans,
Décoreraient notre chambre ;
Les plus rares fleurs
Mêlant leurs odeurs
Aux vagues senteurs de l'ambre,
Les riches plafonds,
Les miroirs profonds,
La splendeur orientale,
Tout y parlerait
À l'âme en secret
Sa douce langue natale.

Là, tout n'est qu'ordre et beauté,
Luxe, calme et volupté.

Vois sur ces canaux
Dormir ces vaisseaux
Dont l'humeur est vagabonde ;
C'est pour assouvir
Ton moindre désir
Qu'ils viennent du bout du monde.
– Les soleils couchants
Revêtent les champs,
Les canaux, la ville entière,
D'hyacinthe et d'or ;
Le monde s'endort
Dans une chaude lumière.

Là, tout n'est qu'ordre et beauté,
Luxe, calme et volupté.

Charles BAUDELAIRE

Notre conseil : *Si vous êtes outré par quelques contrepèteries traînant par-ci, par-là dans le texte (cinq, en tout), si vous avez été scandalisé par celles contenues dans « Notre conseil », à la fin du poème d'Aragon « Les yeux d'Elsa » (ah ? vous ne les aviez pas vues ?), nous vous prions de bien vouloir nous pardonner ces inadmissibles manquements à la décence et à la vigilance ; nous avons pourtant tout fait pour les éviter (allez ! une petite dernière pour la route ? d'accord : « Ces crampes vous font-elle bouder ? »), et nous vous présentons toutes nos excuses.*

43 – CONTRE L'ENNUI

Pas un chat. Des chardons bleus sur le bord des chemins. Le petit bourg qui tient dans le creux de la main. Et la cloche emballée qui mesure l'abîme.

Un chien dressé à coups de trique, maigre et soumis, s'enfuit comme un maraud, détournant par instants sa tête servile, vers des poursuivants, inexistants. Fidèle image de tous ici, bêtes et gens.

Le soleil, lent vieillard, façonne doucement des fruits, des fleurs, des blés qui meurent chaque année, mangés, cueillis, fauchés, pour que chacun nourrisse son tourment.

Parfois un bruit. Puis le silence. Puis un bruit de nouveau qui gonfle, devient gros, s'enfuit. Decrescendo. Une moto ? une auto ? Peut-être rien. Un bruit tout seul, aveugle et terrifiant, qui fonce, vers l'amnésie du temps.

Le soir débarque sur les prés, démonte la forêt, enroule les sentiers où vont tourner en rond les promeneurs attardés, toute la nuit, toute la nuit.

Au petit jour, on les retrouve, immobiles, couchés, les bras tendus vers l'horizon, et les yeux grands ouverts, dans leurs plus beaux atours. On sait bien qu'ils sont morts d'amour.

Mais c'est toujours douloureux de l'admettre. Car le matin dépose au bord des champs l'espérance qu'ils n'ont pas eu le temps de reconnaître.

Partir ? Fuir l'ennui des campagnes ? S'en aller habiter des châteaux en Espagne ? Il y a mieux, il y a la ville, avec des gens nombreux qui parlent fort et pensent que marcher dans les rues sans soleil et sans joie donne cent ans d'avance.

Et que faire la taupe dans des couloirs sous terre, courir dans tous les sens comme un soldat en guerre donne envers le candide ignorant tout cela un permis d'arrogance.

Partir ? Peut-on guérir l'ennui que sécrète l'immobile des terres. Ou faut-il se résoudre à aimer leur mystère ?

Pour qui sait s'avancer vers les sillons d'octobre, et saisir dans sa paume quelque motte blonde, et l'écraser, jusqu'à ce que, poussière, elle devienne vent, les terres mortes sont la vérité du monde.

Voici, en un sonnet joli, l'ennui des campagnes et l'envie de pays de cocagne traités par la rose, le fruit, et Vincent Muselli.

Vers les villes

Puisque malgré l'éclat de leur plus beau costume
Tu n'as point reconnu les fleurs de ton jardin,
Puisque tu n'as trouvé que ta propre amertume
Cachée au fond des fruits offerts à ton dédain,

Et puisqu'enfin l'ennui, dévorant tes journées,
Rôde comme un voleur autour de ta maison,
Quitte l'azur banal et les pourpres fanées
Dont les soleils usés tissent ton horizon.

Pars ! traverse les ponts, les canaux et les douves
Et va-t'en, soutenu par le mal que tu couves,
Porter ton cœur farouche en ces pays haineux

Où, comme lui souffrante et pourtant parfumée,
Fleurit chaque printemps vers un ciel charbonneux
Aux portes de l'usine une rose enfumée !

Vincent MUSELLI

Notre conseil : *Non, non, il n'y a jamais de bruit tout seul, c'est idiot ! (sauf dans Rabelais lorsqu'au pôle, dégèlent les cris d'une bataille). Apprenez à les identifier, cela vous évitera de divaguer. Tenez, tout à l'heure, tel qu'il est décrit, vous avez entendu, aveugle et terrifiant, le bruit d'une Ducati, ou d'une 750, Suzuki.*

44 – CONTRE LA JALOUSIE (1)

Où est-elle, que fait-elle ? Il est dix heures, du soir ou du matin. Elle devrait être là. D'ailleurs, elle devrait toujours être là. Tout à l'heure, elle a pris un vêtement bien clair, et des couleurs jolies. Son baiser, son sourire, tout était tromperie.

Qui va-t-elle retrouver ? Avaient-ils rendez-vous ? J'ai fouillé cent fois partout : elle les cache bien, les mots doux qu'il lui donne.

Je la vois, elle est à sa porte, elle sonne. Ils s'embrassent. Oh, je meurs ! Non, je mourrai plus tard ! Juste après avoir su – il s'est tué, pourquoi ? Parce qu'il était cocu !

Hier c'était un cheveu brun, bouclé, que j'ai trouvé sur le frein à main de la voiture. Ce doit être un Italien, son aventure, un latin, un parleur échauffé qui l'aura prise en hâte sur le siège avant, dans la pénombre du parking souterrain.

Oh, je souffre ! Il est cinq heures, du soir ou du matin,

et elle n'est pas rentrée. Je ne cesse d'appeler son portable. Elle va me dire, je le sais : « Arrête de me soupçonner, il était déchargé ! »

Fouiller, fouiller encore, ses livres et ses tiroirs, et ses photos d'enfance. Tous les endroits secrets où, dans l'urgence, elle cacherait la bague, les anneaux, le parfum et les livres qu'il lui offre ! Oh, je ne veux plus vivre !

Mais, au fait, cette nuit, éveillé par un cauchemar sans nom où elle soupirait, et disait un prénom qui n'était pas le mien, j'ai frôlé son épaule. Ce parfum ! Celui d'un étranger ! Oh, douleur ! « Habit rouge », de Guerlain !

Pauvre sot, c'est le tien ! D'ailleurs, là-bas, regarde, la voilà qui vient, un bouquet à la main : « Mon chéri, c'est demain, demain il y aura deux ans que je ne suis qu'à toi... »

Oh menteuse ! Oh, traîtresse ! « Où étais-tu passée ? Tout ce temps... La soirée est gâchée. Et puis, tu as l'air bien fatiguée... »

Pauvre fou ! Elle t'aime. Depuis un mois, elle y pensait aux noces de porcelaine. Et elle préparait en cachette une fête. Contre ta haine, ses larmes...

Oh, les larmes, défense des femmes déshonnêtes ! Tais-toi, tu es trop bête. Et lis « Contre la jalousie » de Honoré d'Urfé. Puisse-t-elle t'aimer assez pour te pardonner.

Contre la jalousie

Amour ne brûle plus, ou bien il brûle en vain ;
Son carquois est perdu, ses flèches sont froissées,
Il a ses dards rompus, leurs pointes émoussées,
Et son arc sans vertu demeure dans sa main.

Ou, sans plus être Archer d'un métier incertain,
Il se laisse emporter à plus hautes pensées,
Ou ses flèches ne sont en nos cœurs adressées,
Ou bien, au lieu d'Amour, nous blesse le dédain.

Ou bien s'il faut aimer, aimer c'est autre chose
Que ce n'était jadis, et les lois qu'il propose
Sont contraires aux lois qu'il nous donnait à tous.

Car aimer et haïr, c'est maintenant le même,
Puisque pour bien aimer il faut être jaloux.
Que si l'on aime ainsi, je ne veux plus qu'on m'aime.

Honoré D'URFÉ

Notre conseil : *Finalement, vous n'avez peut-être pas tort. Elle a mis bien longtemps pour aller chercher ses fleurs, un bouquet très moyen d'ailleurs. Et hier matin, ne vous a-t-elle pas dit : « Je passe la journée avec mon amie Cathy... » Vous lui avez téléphoné, à Cathy, pour voir si c'était vrai ?...*

45 – CONTRE LA JALOUSIE (2)

Ah ! Ça fait un choc, et ça fait mal, n'est-ce pas ? Elle n'était pas là-bas ! Cathy, qui a compris, a bafouillé : « Non... Oui... je ne sais plus, peut-être, quand fallait-il que je sois avec elle ? »

Vous avez raccroché, vous étiez pâle, dans vos yeux brasillait la colère du mâle ; des mots se bousculaient dans votre cœur trahi : « Le poison ou la lame, le canon, le lacet ou la corde, le gaz ou le courant, ou bien le fil de l'eau, ou les ailes du vent... »

Allons, que d'excès ! et pourquoi s'emporter ? Elle était avec lui, bon, c'est vrai, nous le savions, nous étions bien placés... Mais enfin, cet écart n'a rien d'accoutumé. Et l'important, n'est-ce pas, c'est d'être aimé.

Et vous l'êtes beaucoup, puisqu'elle vous revient, un bouquet dans la main. Elle l'aura sur le nez ? Dès ce soir ? Mais non, vous allez vous calmer !

« Oui, mais, elle va le retrouver ? » Non, l'Italien est parti ! Et nous pouvons vous dire que l'histoire est finie :

c'était un matamore, un capitan, belle allure, fort en gueule, les épaules qui roulent et le regard de feu, la mèche brune folle sur le front ténébreux, le sourire scintillant, mais on n'a jamais tout, car ce profil pour sottes n'a rien dans la culotte.

Elle s'en est aperçue, et déçue, n'ayant pas même atteint, dans le champ du plaisir plus qu'un saut de lapin, elle vous revient, certaine maintenant que dans le même champ, quand elle est avec vous, au lieu de deux lapins, vous êtes kangourous.

Peut-être recommencera-t-elle parce que de toute façon, la femme est infidèle, ce trait de sa nature est inscrit dans l'instinct. Déjà les Grecs et les Latins le remarquaient.

Plus tard, dans *Le Tiers Livre*, Rabelais rapporte l'anecdote suivante : « Comme Hippocrate alloit un jour de Lango à Polystylo visiter Democritus le philosophe, il escrivit une lettre à Dionys, son vieil amy, par laquelle il le prioit de conduire sa femme, en son absence, chez ses père et mère, lesquels estoient gens honorables et bien considérés, car il ne voulait pas qu'elle demourast seule dans sa maison. En même temps, il lui demandait qu'il veillast sur elle soingneusement et d'espier où elle iroit avecque sa mère, et quelles gens la visiteroient chez ses parents. "Non pas (escrivoit-il) que je me défie de sa vertu et de sa chasteté, laquelle par le passé m'a été assurée, mais elle est femme, voilà tout." »

Et puis, dans le même temps, Ronsard à l'un de ses amis écrivait un sonnet : l'ami était trompé et comme vous livide, comme vous en colère, il voulait trucider sa copine adultère.

Lisez-le vous aussi. Quatre strophes plus tard, vous

voilà assagi ! Et lisez-le encore si, par hasard, un jour – qui peut savoir ? – à quelque autre Italien (ou à un écrivain...) elle prêtait son corps.

SONNET

Pourtant si ta maîtresse est un petit putain,
Tu ne dois pour cela te courrousser contre elle.
Voudrois-tu bien haïr ton ami plus fidelle
Pour estre un peu jureur ou trop haut à la main ?

Il ne faut prendre ainsi tous pechés à dedain,
Quand la faute en pechant n'est pas continuelle ;
Puis il faut endurer d'une maîtresse belle
Qui confesse sa faute, et s'en repent soudain.

Tu me diras qu'honneste et gentille est t'amie,
Et je te respondrai qu'honneste fut Cynthie,
L'amie de Properce en vers ingénieus,

Et si[1] ne laissa pas de faire amour diverse :
Endure donc, Ami, car tu ne vaus pas mieux
Que Catulle valut, que Tibulle et Properce.

Pierre DE RONSARD

1. Pourtant.

Notre conseil : *Trop occupé à épier les va-et-vient de votre « petit putain » et de son Italien, vous n'avez même pas remarqué que tous les matins la jeune boulangère, à votre vue, rougit, pâlit... et avec quel entrain elle vous tend les deux miches quotidiennes que vous lui demandez. Prenez une revanche, vous n'aurez pas tort, dès qu'elle vous proposera leur métaphore.*

46 – CONTRE LE MAL D'AMOUR

Tous, toutes, les uns, les autres, et, s'il en reste, eux aussi ; les femmes, les peintres, les poètes, les amuseurs et les jaloux, les boutiquiers, les serruriers et les gourous, la Belle Heaumière, et la Gantière, Blanche la Savetière, la Gente Saucissière, Guillemette la Tapissière, Jeanneton, la Chaperonnière et Catherine la Boursière – toutes femmes de Villon –, Esméralda, Phèdre, et Bérénice, la princesse de Clèves, Manon Lescaut, Jacques le fataliste. Continue-t-on la liste ?

Et Paul, et Virginie, Figaro, la Fanfarlo, Emma Bovary, tous, toutes, les uns et les autres n'avaient qu'un mot, qu'un mal et qu'un tourment : l'amour qui vous affole, vous enivre et vous ment.

Est-il un remède, quelques lignes, un poème, qui pourraient diminuer la torture qu'il inflige ? Après avoir cherché partout, on peut dire que loin de la douleur les mots peuvent séduire, mais dès qu'elle frappe au cœur, inutile de fuir, d'éviter sa brûlure : le chagrin, le dédain et l'oubli, tout est compris dans l'aventure.

Oh, la douleur d'aimer avec son goût de mort ! Aimer qui ? S'aimer d'abord, rechercher son confort sans jamais se le dire, prétendre que sans l'autre, on va mourir, alors que la maîtresse, l'amant aux abois ne s'attristent souvent que pour l'amour de soi.

Contre le mal d'amour, il n'est que des détours, il n'est point de remède. La consolation ? Les livres, les chansons, les poèmes, les fables, par cent mille qui disent le cœur misérable, où l'on se reconnaît. « Tu m'aimais, je t'aimais, on ne se verra plus... » On sait qu'on est perdu. Puis on se tait.

Petit poème émouvant, qui a traversé le temps, à lire quels que soient l'amour ou l'amante ou l'amant. Vous vous reconnaîtrez en Christine de Pisan.

Virelai

La grant doulour que je porte
Est si aspre et si très forte
Qu'il n'est rien qui conforter
Me peüst ne aporter
Joye, ains vouldroie estre morte.

Puis que je pers mes amours,
Mon ami, mon esperance
Qui s'en va, dedens briefs jours,
Hors du royaume de France

Demourer, lasse ! il emporte
Mon cueur qui se deconforte ;
Bien se doit desconforter,
Car jamais joye enorter
Ne me peut, dont se deporte
La grant doulour que je porte.

Si n'aray jamais secours
Du mal qui met a oultrance
Mon las cueur, qui noye en plours
Pour la dure departance

De cil qui euvre la porte
De ma mort et que m'enorte
Desespoir, qui raporter
Me vient dueil et enporter
Ma joye, et dueil me raporte
La grant doulour que je porte.

Christine DE PISAN

Notre conseil : *« Si n'aray jamais secours... ». Elle ne peut pas parler français comme tout le monde, Christine de Pisan ? Mais non, voyons ! Elle vécut voilà six cents ans. Si vous voulez qu'on vous traduise ce virelai en langue d'aujourd'hui, promenez-vous sur un campus dès le petit matin, c'est plein de docteurs en latin, en divers baragouins, dont vous ne pourrez plus dire qu'ils ne servent à rien.*

Difficile de se quitter, n'est-ce pas ? On parlerait encore des heures de la douleur d'aimer. Quelqu'un s'égarerait dans le trouble du songe où se confondent l'espoir et le mensonge.

Et quelqu'un d'autre aurait pour le sortir d'affaire, pour le sauver du mystère, la clé qui ouvre enfin les portes d'amertume à tous ceux qui eurent le cœur à l'envers : le sonnet d'Arvers.

SONNET

Mon âme a son secret, ma vie a son mystère,
Un amour éternel en un moment conçu :
Le mal est sans espoir, aussi j'ai dû me taire,
Et celle qui l'a fait n'en a jamais rien su.

Hélas ! j'aurai passé près d'elle inaperçu,
Toujours à ses côtés, et pourtant solitaire,
Et j'aurai jusqu'au bout fait mon temps sur la terre,
N'osant rien demander et n'ayant rien reçu.

Pour elle, quoique Dieu l'ait faite douce et tendre,
Elle ira son chemin, distraite, et sans entendre
Ce murmure d'amour élevé sur ses pas.

À l'austère devoir, pieusement fidèle,
Elle dira, lisant ces vers tout remplis d'elle :
« Quelle est donc cette femme ? » et ne comprendra pas.

Félix ARVERS

Notre conseil : *Vous êtes au bord des larmes sans doute. Au fond de la chaumière, votre âme est en déroute. Remettez-vous, allons ! Félix n'est qu'un neuneu. On dit que c'est Musset qui, pour Marie, l'aimée du transi, composa le sonnet qui suit en réponse à Félix qu'il prenait à revers (Arvers, ah, ah !).*

SONNET

Mon cher, vous m'amusez quand vous faites mystère
De votre amour immense en un moment conçu.
Vous êtes bien naïf d'avoir voulu le taire,
Avant qu'il ne fût né, je crois que je l'ai su.

Pouviez-vous, m'adorant, passer inaperçu,
Et, vivant près de moi, vous sentir solitaire ?
De vous il dépendait d'être heureux sur la terre :
Il fallait demander, et vous auriez reçu.

Apprenez qu'une femme au cœur épris et tendre
Souffre de suivre ainsi son chemin sans entendre
L'aveu qu'elle espérait trouver à chaque pas.

Forcément au devoir on reste alors fidèle.
J'ai compris, vous voyez, ces vers tout remplis d'elle :
C'est vous, mon pauvre ami, qui ne compreniez pas.

Alfred DE MUSSET (?)

Notre conseil : *Et toc. On se quitte. Depuis longtemps pour lui, pour elle, l'aveu comme un vertige effare votre lèvre. Demain il se pourrait que vous ayez vécu. Adieu, les plaisirs du cœur ! Peut-être même ce soir si la Parque farceuse se dit : « Tiens, je me sens bien seule, et patraque, en détresse ! Pour soigner ma tristesse, je vais clore les jours d'un humain – et vous montrant du doigt : pourquoi pas lui ? – farci de poésie. »*

Pourquoi n'avoir rien avoué, rien tenté plus tôt, auprès d'elles, auprès d'eux, ou si peu ? C'est ballot !

Vivez, aimez, c'est Ronsard qui l'a dit, et tous les autres aussi, chacun à sa manière. Vivez, aimez, puisqu'ils vous l'ont écrit.

Le rêve, l'espoir, l'attente délicieuse, le jour où les deux mains se joignent, celui qui les sépare, les regrets et les pleurs. C'était bien le bonheur, parce qu'il s'est enfui.

Allons ! debout ! et courez après lui, il n'est jamais bien loin. Peut-être dans le pré, peut-être dans le foin. Cherchez longtemps, cherchez des heures.

Si le temps presse, si vous craignez de vous tromper d'adresse, ouvrez quelque recueil, n'ayez pas peur, laissez-vous emporter par l'auteur : tous les poèmes sont des lettres au bonheur.

LISTE ALPHABÉTIQUE DES POÈTES

REMERCIEMENTS

Nous remercions Messieurs les auteurs, les ayants droit et éditeurs qui nous ont autorisés à reproduire les textes ou fragments de textes publiés dans cet ouvrage. Ils conservent l'entier copyright, soit pour la version originale, soit pour l'adaptation.

LES AUTEURS ET AYANTS DROIT

Jean-Jacques LALANNE, pour *Vers les villes* de Vincent MUSELLI.

LES ÉDITEURS

René Guy CADOU, © Laffont-Seghers, pour « Les paroles de l'amour » in *La vie entière, Œuvres poétiques complètes.*

Paul ÉLUARD, © Gallimard, pour « La terre est bleue comme une orange » in *L'amour la poésie.*

Francis JAMMES, © Le Mercure de France, pour « Il va neiger » in *De l'angélus de l'aube à l'angélus du soir*, 1898.

Henri MICHAUX, © Gallimard pour « Le grand combat » in *Qui je fus.*

Jules SUPERVIELLE, © Gallimard pour « À mon foie » in *Le corps tragique.*

Paul VALÉRY, © Gallimard pour « La caresse » extrait de *« Pièces diverses »* in *Œuvres 1.*

Malgré nos efforts, nous n'avons pu joindre les auteurs ou identifier les ayants droit de certains textes.

Nous leur demandons de bien vouloir prendre contact avec nous, afin que nous puissions combler les lacunes dont nous les prions de nous excuser.

Ils conservent, bien entendu, l'entier copyright des textes publiés.

TABLE

DANS LA COLLECTION « AMOR FATI »
AU CHERCHE MIDI ÉDITEUR

ALAIN-FOURNIER
Colombe Blanchet
Esquisses d'un second roman
(inédit)
Préface d'Alain Rivière

ALAIN-FOURNIER
Chroniques et critiques
présentées par André Guyon

LUC BÉRIMONT
Poésies complètes
Tome 1

TRISTAN BERNARD
Souvenirs et anecdotes
Textes inédits

FRANÇOIS BOTT
Sur la planète des sentiments

TRISTAN CABRAL
La Messe en mort

LOUIS CALAFERTE
Choses dites
Entretiens et choix de textes

ROGER KOWALSKI
Poésies complètes

FRIEDRICH NIETZSCHE
Premiers Écrits
Le monde te prend
tel que tu te donnes
Traduction et préface de
Jean-Louis Backès

LOUIS NUCÉRA
Une bouffée d'air frais

THIERRY PRELLIER
Petit Dictionnaire des mots (rares)

JULES RENARD
Lettres retrouvées (1884-1910)
Édition préfacée et annotée
par Jean-François Flamant

ALAIN RIVIÈRE
Alain-Fournier
Les Chemins d'une vie
Guide biographique illustré

RAOUL VANEIGEM
Nous qui désirons sans fin

Pour une internationale
du genre humain

Dictionnaire de citations
pour servir au divertissement
et à l'intelligence du temps

COSIMA WAGNER
FRIEDRICH NIETZSCHE
Lettres

Imprimé en France par la Société Nouvelle Firmin-Didot
Dépôt légal : janvier 2001
N° d'édition : 830 – N° d'impression : 54101
ISBN : 2-86274-830-7